Reichsgerichts-Entscheidungen

in kurzen Auszügen

Strafsachen Band 74

1941

J. Schweitzer Verlag, Berlin und München

Printed in Germany

Druck von Dr. F. P. Datterer & Cie., Freising-München.

Von dieser Sammlung erschienen folgende Bändchen:

I. Zivilsachen:	Bd.	76—100	. . .	je RM.	0.80
	„	101—140	. . .	je RM.	1.—
	„	141—155	. . .	je RM.	2.—
Serien:	„	76—155	mit 3 Reg.	zus. RM.	76.—
	„	81—155	83—119 120—130	zus. RM.	71.—
	„	91—155	131—140	zus. RM.	61.—
	„	101—155		zus. RM.	53.—
	„	111—155		zus. RM.	43.—
	„	121—155	} mit 4 Reg.	zus. RM.	33.—
	„	131—155	}	zus. RM.	28.—
Gesamtregister zu	Bd.	83—119	. . . .	RM.	6.—
Gesamtregister zu	Bd.	120—130	. . . .	RM.	1.80
Gesamtregister zu	Bd.	131—140	. . . .	RM.	1.50
Gesamtregister zu	Bd.	141—150	. . . .	RM.	1.50
II. Strafsachen:	Bd.	45—55	. . .	je RM.	0.80
	„	56—64	. . .	je RM.	1.—
	„	65—72	. . .	je RM.	2.—

Serie: Bd. 45—72 mit Ges.-Reg. zu Bd. 45—60 zus. RM. 29.—

Gesamtregister zu Band 45—60 . . . . RM. 3.70

Jedes Bändchen entspricht einem Bande der amtlichen Sammlung.

1. Gesellschaft mit beschränkter Haftung. Unterschlagung. Untreue. Zueignung. Mittäterschaft. (StGB. §§ 47, 246, 266.) C. war Geschäftsführer, R. Büroleiter und Prokurist einer G.m.b.H., die mit Kraftwagen handelte. Die Gesellschaft nahm bei einer Bank ein Darlehen auf und übereignete ihr zur Sicherheit verschiedene Kraftwagen; zum Zwecke der Vorführung blieben diese in ihrem Besitz. Die Veräußerung der Kraftwagen führte zur Verurteilung von C. und R. wegen gemeinschaftlich verübter Unterschlagung in Tateinheit mit gemeinschaftlich verübter Untreue. Das Reichsgericht bestätigte das Urteil. Die Angeklagten hatten sich darauf berufen, daß sie den Erlös aus den Veräußerungen nicht für sich behielten, sondern der Gesellschaft zugeführt, also die Wagen sich nicht zugeeignet hätten. Zur Annahme von Zueignung genügte aber, daß sie ein starkes Interesse daran hatten, die Gesellschaft lebenskräftig zu erhalten. Beim Verkauf der Wagen handelte es sich nicht darum, ein Recht der Gesellschaft für diese wahrzunehmen, da sie ja kein Recht zum Verkauf hatte; ein solches Recht maßten sich nur die Angeklagten selbst an. Sie verfügten infolgedessen wie rechtmäßige Eigentümer über die Wagen. Auf Grund des mit der Bank abgeschlossenen Vertrages blieb die Gesellschaft unmittelbare Besitzerin der Fahrzeuge; die Angeklagten hatten als die leitenden Vertreter der Gesellschaft die Pflicht, die sich daraus ergebende Rechtsstellung der Bank zu schützen. Die rechtsgeschäftliche Verpflichtung, zu einer bestimmten Zeit an den Gläubiger Leistungen zu bewirken oder sich sonst vertragsgemäß zu verhalten, bedeutet allerdings nicht ohne weiteres auch die Pflicht, die Vermögensbelange des Gläubigers wahrzunehmen; im Fall einer Sicherungsübereignung kann sich aber je nach der Ausgestaltung der tatsächlichen und rechtlichen Beziehungen aus diesem Verhältnis eine solche Pflicht ergeben. Ein Miet- oder Verwahrungsverhältnis ist an sich schon in besonderem Maße geeignet, eine solche Pflicht zu begründen. Im gegebenen Falle kam die ausdrückliche Vereinbarung dazu, daß es der Gesellschaft verboten sei, über die Wagen rechtsgeschäftlich zu verfügen, sie zu vermieten oder zu verleihen. Auch der Umstand, daß von Zeit zu Zeit Beamte der Bank die Einhaltung der Verträge durch die Gesellschaft überprüften, ließ ein so nahes Verhältnis tatsächlicher und rechtlicher Art erkennen, daß die so geschaffenen Beziehungen als Kennzeichen für ein Treuverhältnis zu betrachten waren. Die Angeklagten waren aber die Personen, die für die Erfüllung der hiernach der Gesellschaft obliegenden Treupflicht der Bank gegenüber einzustehen hatten; sie standen somit selbst in einem Treuverhältnis zu dieser. Die sich daraus für sie ergebende Pflicht, die Vermögensinteressen der Bank wahrzunehmen, hatten sie zu deren Schaden verletzt und damit den Tatbestand der Untreue verwirklicht. Daß sie sich der Unzulässigkeit ihres Vorgehens bewußt waren, hatte die Strafkammer festgestellt. Die Voraussetzungen der Mittäterschaft lagen deshalb vor, weil die beiden Angeklagten gemeinsam die Geschäfte der Gesellschaft führten und zufolge dessen auch gemeinsam Besitz an den verkauften fremden Wagen hatten. (II, 14. Dezember 1939.)

Amtl. Sammlg. S. 1—4.

Vgl. Bd. 47 S. 324; Bd. 67 S. 266; Bd. 69 S. 223; Bd. 71 S. 90.

2. **Sicherungsverwahrung. Arbeitshaus. Gesamtstrafe.** (StGB. §§ 74, 76.) Wegen Betrug und Landstreicherei wurde der Angeklagte zu einer Zuchthausstrafe und einer Haftstrafe verurteilt; außerdem wurde seine Unterbringung in einem Arbeitshaus angeordnet. Später wurde er wegen Betrug neuerdings zu einer Zuchthausstrafe verurteilt; die Strafe wurde mit der früher ausgesprochenen Zuchthausstrafe zu einer Gesamtstrafe vereinigt und neben dieser auf Sicherungsverwahrung erkannt. Die Haftstrafe mit der Anordnung der Unterbringung in einem Arbeitshaus blieb daneben bestehen. Die Revision des Angeklagten, in der die Anordnung der Sicherungsverwahrung neben jener der Unterbringung in einem Arbeitshaus als unzulässig bezeichnet wurde, hatte keinen Erfolg. Wenn eine Gesamtstrafe zu bilden ist, sind die Maßregeln zur Sicherung und Besserung, soweit solche in Frage kommen, daneben zu verhängen. Allerdings hat das Reichsgericht schon ausgesprochen, daß im Falle der Bildung einer Gesamtstrafe Nebenstrafen (z. B. der Verlust der bürgerlichen Ehrenrechte), die neben einer Einzelstrafe verhängt worden sind, im Wegfall kommen, so daß das Gericht frei zu prüfen hat, ob und wieweit sie neben der Gesamtstrafe verhängt werden sollen. Für den vor-

liegenden Fall kam das aber nicht in Betracht, weil die Unterbringung des Angeklagten in einem Arbeitshaus neben einer Haftstrafe angeordnet worden war, die in die Gesamtstrafe nicht einbezogen wurde. Das Landgericht hatte allerdings zu prüfen, ob neben der Unterbringung in einem Arbeitshaus noch eine Sicherungsverwahrung nötig war. Wenn es sich auch nicht ausdrücklich hierüber ausgesprochen hatte, ergab doch der Zusammenhang, daß es die Unterbringung des Angeklagten in einem Arbeitshaus nicht für ausreichend ansah. Welche von den beiden Anordnungen zu vollstrecken war oder ob eine nach der anderen vollstreckt werden sollte, hatte die Vollstreckungsbehörde zu entscheiden. (III, 8. Januar 1940.)

Amtl. Sammlg. S. 4—6.

Vgl. JW. 1937 S. 2380.

3. **Devisenrecht. Versuch. Gesamtstrafe.** (DevG. §§ 13, 42; StGB. § 78.) Wegen Vergehens des Devisenschmuggels war auf eine Freiheitsstrafe und auf Geldstrafen von 85000 und 15000 *RM* erkannt worden; an die Stelle der Geldstrafen sollten im Falle der Uneinbringlichkeit Gefängnisstrafen von insgesamt 1000 Tagen treten. Die Freiheitsstrafen wurden durch die Untersuchungshaft für getilgt erklärt. Ehe die Geldstrafen bezahlt waren, wurde der Angeklagte neuerdings wegen Devisenvergehen angeklagt. Er hatte einer nicht ermittelten Person einen Geldbetrag und Wertpapiere mit dem Auftrag übergeben, sie oder den Gegenwert der Papiere selbst oder durch Helfershelfer ins Ausland zu verbringen. Seine Verteidigung, daß nur eine Vorbereitungshandlung, nicht aber ein Versuch anzunehmen sei, drang nicht durch. Schon die Aushändigung der zur Verschiebung in das Ausland bestimmten Werte muß wegen ihrer notwendigen Zusammengehörigkeit mit einer Tatbestandshandlung (dem Bewegen nach der Grenze hin) als deren Bestandteil angesehen werden. Bedenken konnten nur insoweit obwalten, als möglicherweise nicht die Wertpapiere selbst, sondern deren Erlöse verschoben werden sollten; dann wären bei der Erteilung des Auftrags die Werte, die ins Ausland gelangen sollten, noch gar nicht vorhanden gewesen. Auf dem Gebiete des Devisenrechts muß aber in weitem Umfange mit dem Begriff der Ersatzwerte gearbeitet werden, um den Verboten der Übertragung von Vermögen in das

Ausland die notwendige Geltung zu verschaffen. In den Richtlinien für die Devisenbewirtschaftung vom 22. Dezember 1938 ist ganz allgemein angeordnet, es müsse als Verletzung der Devisenvorschriften angesehen werden, wenn jemand inländische Vermögenswerte mit Hilfe solcher Gegenstände in das Ausland übertrage, die nicht ausdrücklich devisenrechtlichen Verboten unterworfen seien. Devisenrechtlich war es in jeder Hinsicht dasselbe, ob die Wertpapiere oder ihr Erlös über die Grenze zu verschieben waren. Der Angeklagte wurde neuerdings zu einer Gefängnisstrafe und zu einer Geldstrafe von 120000 *RM*, ersatzweise zu 240 Tagen Gefängnis, verurteilt. Hiebei war übersehen worden, daß die sämtlichen noch nicht vollstreckten Ersatzfreiheitsstrafen die Gesamtdauer von zwei Jahren Gefängnis nicht übersteigen durften. Das hätte ausgesprochen werden müssen. Daß die in dem früheren Urteil ausgesprochenen Ersatzfreiheitsstrafen diesen Zeitraum schon überstiegen, stand nicht entgegen. I, 7. November 1939.) Amtl. Sammlg. S. 6—9.

Vgl. Bd. 71 S. 53.

4. **Urkundenfälschung. Betrug.** (ÖstStG. §§ 8, 197, 199 d, 200, 320). Die Republik C. unterhielt in Wien bis zum 9. Juli 1938 ein Konsulat. Anfang Juni 1938 wurde dem Konsulat von dem Außenamt der Republik untersagt, Pässe zu revidieren. Der Sekretär des Konsulats versprach gleichwohl Personen, die bei ihm um die Erteilung eines Visums vorsprachen, ihnen ein solches zu verschaffen, und ließ sich von ihnen dafür Geldbeträge versprechen. Um das Versprechen erfüllen zu können, ließ er sich falsche Stempel anfertigen. Er wurde wegen versuchten Betrugs unter Gebrauch von falschen Urkunden verurteilt. Das Reichsgericht erklärte das Urteil für nichtig. Der Betrug ist vollendet, wenn die Irreführung gelungen ist. Zur Vollendung eines Betrugs, der durch Nachmachen oder Verfälschen von öffentlichen Urkunden oder Bezeichnungen begangen wird, gehört aber, daß von den gefälschten Urkunden oder Bezeichnungen zu Täuschungszwecken in Schädigungsabsicht Gebrauch gemacht wird und daß die Täuschung gelingt. Die Irreführung war schon gelungen, als der Angeklagte den bei ihm vorsprechenden Personen versprochen hatte, ihnen ein gültiges Einreisevisum zu verschaffen, und diese sich infolge der

Täuschung zur Bezahlung der Gebühr verpflichteten. Nicht vollendet war in diesem Zeitpunkt der Betrug, soweit ihn der Angeklagte durch Nachmachen öffentlicher Urkunden oder Bezeichnungen begangen hatte. Hiezu hätte gehört, daß die nachgemachten Urkunden oder Bezeichnungen, als wären sie echt, zu Täuschungszwecken gebraucht worden wären und daß die Täuschung gelungen wäre. Eine öffentliche Urkunde oder Bezeichnung gebraucht, wer sie vorweist und dabei durch ihren Gedankeninhalt bestimmte Entschließungen eines anderen herbeiführen will. Demgemäß konnte kein Versuch des Verbrechens des Betruges, begangen zum Nachteil der Antragsteller, angenommen werden; abgesehen davon, daß schon vor dem Zeitpunkt der Übergabe der mit falschem Visum versehenen Pässe an die Antragsteller die Täuschung gelungen war, hätte in der Übergabe der Pässe an sie kein Gebrauch der Visen zu Täuschungszwecken gesehen werden können. Die Antragsteller waren zur Zahlung der Vergütung nicht durch den Gedankeninhalt der Visen veranlaßt worden, sondern durch den Glauben, echte Visen zu erhalten. Ein Betrug, begangen durch Nachmachen öffentlicher Urkunden oder Bezeichnungen wäre erst vollendet gewesen, wenn die getäuschten Personen die nachgemachten Visen gebraucht, also beispielsweise den Beamten der Republik C. vorgewiesen hätten, um die Einreise nach C. zu ermöglichen. In diesem Falle konnte neben dem vollendeten Betrug, begangen zum Nachteil der Antragsteller, ein versuchter Betrug zum Nachteil der Republik C. in Betracht kommen; dafür wäre aber notwendig gewesen, daß das Recht der Republik C., die Einwanderung zu überwachen, zu den in § 197 OestStG. geschützten Rechten gehört hätte. Das traf nicht zu. Das Recht des Staates, die Einwanderung zu überwachen, ist nichts anderes als sein Recht auf Befolgung seiner Vorschriften über die Einwanderung, also das Aufsichtsrecht des Staates auf diesem Gebiete. Dem Wesen der Schädigungsabsicht, die zum Betruge gehört, entspricht aber nicht die Schädigung eines staatlichen Aufsichtsrechts, sondern nur die Schädigung des Zweckes selbst, den zu erreichen die behördlichen Vorschriften oder Maßnahmen erlassen worden sind. Das träfe beispielsweise zu, wenn der Angeklagte die Visen zu dem Zwecke hätte nachmachen wollen, um dadurch die Einwanderung der Juden nach C. zu ermöglichen, die nach dem Wissen des Angeklagten der Staat C. von der Einwanderung ausschließen wollte. Wäre aber der Angeklagte der Meinung gewesen, daß das Visum hätte erteilt werden dürfen, so könnte nicht die Rede davon sein, daß er durch das Nachmachen des Visums den Zweck der Einwanderungsvorschriften hätte vereiteln wollen. Es könnte dann, soweit es sich um das Nachmachen öffentlicher Urkunden, nicht aber, soweit es sich um das Nachmachen der durch eine öffentliche Anstalt eingeführten Bezeichnung mit Stempeln handelte, nur ein Versuch der Übertretung nach § 320 ÖstStG. in Frage kommen. (VI, 12. Dezember 1939.) Amtl. Sammlg. S. 9—13.

5. **Sachbeschädigung. Wegebeschädigung. Gesetzesauslegung. Gesetzeseinheit.** (StGB. §§ 303, 321; StrVerkO. §§ 41, 49.) Über einen öffentlichen Weg wurden Baumstämme gelegt, um dem Verkehr ein Hindernis zu bereiten. Ein Kraftradfahrer fuhr gegen einen Stamm an und wurde verletzt. Das Landgericht verurteilte wegen gefährlicher Körperverletzung in Tateinheit mit Vergehen gegen die Straßenverkehrsordnung. Das Reichsgericht entschied, daß die Tat als gemeingefährliches Vergehen (Beschädigung eines Weges) zu erachten sei. Als Sachbeschädigung ist jede nicht ganz unerhebliche körperliche Einwirkung auf eine Sache anzusehen, durch welche die stoffliche Zusammensetzung der Sache verändert oder sonst ihre Unversehrtheit derart aufgehoben wird, daß die Brauchbarkeit für ihre Zwecke vermindert wird; es genügt eine Einwirkung, die zwar keine stoffliche Verringerung oder Verschlechterung des Gegenstandes, wohl aber eine belangreiche Veränderung der äußeren Erscheinung und Form mit sich bringt. Auch eine Minderung der Gebrauchsfähigkeit ohne Verletzung des Stoffes ist schon als Sachbeschädigung anerkannt worden. Dieser Gedanke muß ganz besonders für die Beschädigung eines Weges nach § 321 StGB. gelten. Diese Vorschrift steht unter den Vorschriften über gemeingefährliche Verbrechen; der Begriff der Beschädigung ist daher in erster Reihe nach dem Zweck dieser Vorschriften zu bestimmen. Die Beschädigung eines Weges fällt dann unter diese Vorschrift, wenn durch die Handlung Gefahr für das Leben oder die Gesundheit anderer herbeigeführt wird; es genügt die Gefahr für

eine Person. Die Vorschrift richtet sich damit vor allem gegen gefährliche Eingriffe in den Straßenverkehr. Dieser wird durch die Straßenverkehrsordnung geregelt; in ihrem § 41 enthält diese das Verbot, Gegenstände auf Straßen zu bringen oder dort liegen zu lassen, wenn dadurch der Verkehr gefährdet oder die Sicherheit oder Leichtigkeit des Verkehrs beeinträchtigt wird. Nicht alle Hindernisse, die dem Verkehr auf Straßen und Wegen bereitet werden, sind Beschädigungen der Straße oder des Weges. Für geringfügige Hindernisse reicht die als Übertretung gekennzeichnete Vorschrift des § 41 StrVerkO. aus; außergewöhnliche und besonders gefährliche Hindernisse jedoch, die den Weg für den Verkehr oder besondere Arten des Verkehrs vorübergehend unbrauchbar machen, sind als Beschädigungen des Weges im Sinne des § 321 StGB. anzusehen. Die Übertretung nach §§ 41, 49 StrVerkO. wird in diesen Fällen durch den Tatbestand des Vergehens gegen den § 321 StGB. aufgezehrt. (II, 18. Dezember 1939.) Amtl. Sammlg. S. 13—16. Vgl. Bd. 13 S. 27; Bd. 20 S. 182, 353; Bd. 31 S. 329; Bd. 39 S. 223; Bd. 43 S. 204; Bd. 55 S. 169.

6. **Notzucht. Bewußtlosigkeit. Geistesschwäche.** (ÖstStG. § 127.) Der geschlechtliche Verkehr mit einem taubstummen Mädchen wurde als Notzucht beurteilt mit der Begründung, daß völlige Blödsinnigkeit der Bewußtlosigkeit gleichzuhalten sei. Das Urteil wurde aufgehoben, weil ihm nicht zu entnehmen war, auf Grund welcher Tatsachen das Gericht das Mädchen für völlig blödsinnig angesehen hatte. Der hierüber vernommene Sachverständige hatte das Mädchen nur als geistig minderwertig bezeichnet. Unter Bewußtlosigkeit ist nicht nur ein Zustand zu verstehen, in dem eine Frauensperson (z. B. in tiefer Ohnmacht) des Bewußtseins völlig beraubt ist; es genügt eine so hochgradige Störung oder Schwächung der Geistestätigkeit, verbunden mit der Unfähigkeit, das Triebleben durch verstandesmäßige Erwägungen zu beeinflussen, daß eine Einsicht in die Bedeutung des Geschlechtsverkehrs und die Fähigkeit, in geschlechtlicher Hinsicht dieser Einsicht gemäß über den eigenen Körper zu verfügen, ausgeschlossen ist. Nur bei solcher Sachlage kann von einer strafrechtlich ins Gewicht fallenden Ein-

willigung in den Geschlechtsverkehr nicht gesprochen werden. Es kommt also auf den Grad der Mängel an. Zum Tatbestand des Verbrechens der Notzucht gehört auch, daß der Angeklagte zur Zeit der Tat den Zustand der Frauensperson, der als Bewußtlosigkeit zu betrachten ist, gekannt oder wenigstens die Möglichkeit in den Kauf genommen hat, sie befinde sich in diesem Zustande. (VI, 12. Dezember 1939.) Amtl. Sammlg. S. 16—18.

7. **Bankerott. Umwandlung von Gesellschaften.** (KO. §§ 240, 244; UmwG. vom 5. Juli 1934 § 4). Eine Aktiengesellschaft wurde am 1. Dezember 1935 in eine Kommanditgesellschaft umgewandelt; ein Vorstandsmitglied der Aktiengesellschaft wurde persönlich haftender Gesellschafter. Im Februar 1937 wurde über das Vermögen der Kommanditgesellschaft der Konkurs eröffnet. Der persönlich haftende Gesellschafter wurde wegen Bankerott verurteilt; dabei wurde angenommen, daß er Bankerotthandlungen schon als Vorstandsmitglied der Aktiengesellschaft begangen habe. Das Reichsgericht verwies die Sache zurück. Über das Vermögen der Aktiengesellschaft war während ihres Bestehens kein Konkurs eröffnet worden; auch hatte sie ihre Zahlungen nicht eingestellt. Es handelte sich also darum, ob die Kommanditgesellschaft Gesamtrechtsnachfolgerin der Aktiengesellschaft geworden war. Das traf zu, wenn die Umwandlung sich nach dem Gesetz vom 5. Juli 1934 vollzogen hatte. Nach § 4 dieses Gesetzes geht mit der Eintragung der Umwandlung das Vermögen der Aktiengesellschaft auf die neue Gesellschaft über; die Aktiengesellschaft ist damit aufgelöst. Ein solcher Wechsel der Gesellschaftsform ist ohne entscheidende Bedeutung für die Frage, ob auch wegen des Vermögens der aufgelösten Gesellschaft die Voraussetzung der Strafbarkeit wegen Bankerotts (Zahlungseinstellung oder Konkurseröffnung) gegeben ist. Die Eröffnung des Konkurses über das Vermögen der neuen Gesellschaft betrifft also zugleich das Vermögen der früheren Gesellschaft, das auf sie übergegangen ist, so daß auch die vor der Umwandlung liegenden Bankerotthandlungen konkursrechtlich erfaßt werden können. Andernfalls könnte die strafrechtliche Verantwortung für Bankerotthandlungen auf dem Wege der Umwandlung der Gesellschaft beseitigt werden. Ob die

tatsächlichen Voraussetzungen gegeben waren, bedurfte noch der Prüfung. (I, 27. Oktober 1939.)

Amtl. Sammlg. S. 18—20.
Vgl. RGZ. Bd. 84 S. 242.

8. **Abtreibung. Täterschaft. Beihilfe. Eigenhändige Straftat. Gesetzeseinheit.** (StGB. §§ 43, 47, 48, 218.) Eine Frau, die glaubte, schwanger zu sein, wandte sich an einen ihr bekannten Mann um Hilfe. Dieser suchte sie in der Wohnung auf und gab ihr einige Knoblauchtabletten, die sie auf seinen Rat und nach seinen Anweisungen in seiner Gegenwart einnahm. Einige Tage später stellten sich bei ihr die Blutungen wieder ein. Der Mann wurde wegen versuchter Abtreibung (§ 218 Abs. 2, § 43 StGB.) verurteilt. Seine Revision hatte keinen Erfolg. Sie war auch darauf gestützt, daß die Überlassung der Tabletten zur sofortigen Anwendung durch die Frau nicht als Beihilfehandlung, sondern als Betätigung eines eigenen Entschlusses, die Frucht im Mutterleibe zu töten, angesehen worden war. Das Reichsgericht erkannte an, daß der Angeklagte die tatbestandsmäßige Handlung des § 218 Abs. 2 (Versuch der Tötung der Frucht) nicht selbst vorgenommen, daß vielmehr die Frau das allein getan hatte. Ob er gleichwohl als Täter behandelt werden konnte, hing von dem Verhältnis der Vorschrift des Absatz 1 zu der des Absatz 2 des § 218 StGB. ab. Taten nach Absatz 2 würden, wenn diese Vorschrift nicht bestände, als Hilfeleistung zu Taten des Absatz 1 anzusehen sein. Abs. 2 hat diesen Beihilfefall zu einem selbständigen Tatbestand erhoben, so daß die Strafbarkeit dessen, der ihn verwirklicht, unabhängig davon eintritt, ob sich auch die Schwangere nach Abs. 1 strafbar gemacht hat. Die Unabhängigkeit der beiden Tatbestände geht so weit, daß im Verhältnis der Taten zueinander die Vorschriften über Mittäterschaft nicht anwendbar sind. Gemeinschaftliche Zuwiderhandlungen der Schwangeren und eines anderen gegen § 218 Abs. 1 und 2 StGB. sind nicht dieselbe Tat, sondern zwei selbständige Straftaten. Täter ist, wer irgendwie, sei es auch nur bei der Vorbereitung oder in der Form der Hilfeleistung, zur Verwirklichung des Tatbestandes beiträgt, sofern er die Tat als eigene will. Als Täter kann also auch in Betracht kommen, wer bei

der tatbestandsmäßigen Handlung selbst körperlich gar nicht mitgewirkt, sondern seinen Täterwillen durch ein (gutgläubiges oder bösgläubiges) Werkzeug wirken läßt. Wer mit dem Täterwillen veranlaßt, daß ein anderer an einer Schwangeren eine Abtreibungshandlung vornimmt, ist auch dann als Täter nach § 218 Abs. 2 strafbar, wenn er selber bei der eigentlichen Tatausübung nicht mitwirkt. An dieser Beurteilung ändert es nichts, wenn der andere, der die Abtreibungshandlung vornimmt, die Schwangere selbst ist; auch durch sie, mag sie gutgläubig oder bösgläubig handeln, kann der Täter eine Abtreibung nach dieser Vorschrift vornehmen. Dadurch wird die Annahme einer Beihilfe zu der Straftat der Schwangeren nach § 218 Abs. 1 nicht ausgeschlossen. Bei der Abtreibung nach § 218 Abs. 1 handelt es sich um eine eigenhändige Straftat; wer nicht selbst schwanger ist, kann niemals und in keiner Form Täter eines Vergehens nach § 218 Abs. 1 sein. Ein anderer kann an einer eigenhändigen Straftat immer nur als unselbständiger Teilnehmer, etwa als Anstifter oder Gehilfe, mitwirken. Es ist also möglich, daß der, der an einer Schwangeren mit ihrem Einverständnis eine Abtreibungshandlung vornimmt und damit nach seinem Willen eine nach § 218 Abs. 2 strafbare Tat als Täter begeht, zugleich der Schwangeren zu der von ihr vorgenommenen Abtreibungshandlung nach § 218 Abs. 1 Beihilfe leistet. Für den, der der Schwangeren nur das Abtreibungsmittel verschafft und dabei die Abtreibung als eigene Tat will, kann nichts anderes gelten. Durch die Täterschaft nach § 218 Abs. 2 wird auch die Beihilfe zu dem Vergehen nach § 218 Abs. 1 nicht aufgezehrt. Die Selbständigkeit der beiden Tatbestände im Verhältnis zueinander schließt eine solche Annahme aus. Gesetzeseinheit ist auch nicht etwa deshalb anzunehmen, weil die Abtreibung nach § 218 Abs. 2 notwendig Beihilfe zur Abtreibung nach § 218 Abs. 1 sein müßte; es ist durchaus denkbar, daß sich jemand der Abtreibung nach § 218 Abs. 2 schuldig macht, ohne daß die Schwangere selbst ein Vergehen gegen § 218 Abs. 1 begeht, dann nämlich, wenn er die Abtreibung ohne den Willen der Schwangeren vornimmt. Die abweichende Auffassung des Landgerichts gab zur Aufhebung des Urteils keinen Anlaß, weil der Fehler auf die Höhe

der Strafe ohne Einfluß geblieben war. (III, 7. Dezember 1939.) Amtl. Sammlg. S. 21—26.
Vgl. Bd. 62 S. 369, 390; Bd. 72 S. 402.

9. **Fleischbeschau. Gesundheitsschädigung. Untauglichkeit. Urkundenfälschung. Gesetzesauslegung.** (StGB. §§ 271, 272; LMG. §§ 3, 4, 11, 12; FleischBeschG. §§ 9, 26.) Ein Metzger kaufte von einem Bauern einen Ochsen, der mehrere Wochen krank und von einem Tierarzt behandelt worden war; dieser hatte dem Bauern wiederholt erklärt, daß das Tier dem Wasenmeister übergeben werden solle, da sein Fleisch für den menschlichen Genuß unbrauchbar sei. Der Bauer hatte das dem Metzger mitgeteilt; der Preis des Ochsen war demgemäß sehr niedrig angesetzt worden. Der Metzger schlachtete den Ochsen und erzielte dadurch, daß er dem Fleischbeschauer unrichtige Auskünfte erteilte, daß dieser das Fleisch als voll tauglich abstempelte. Die Käufer des Fleisches brachten dieses dem Metzger zurück, weil es nach der Zubereitung einen ekelerregenden Geruch hatte. Der Metzger wurde wegen eines Vergehens gegen das Lebensmittelgesetz verurteilt. Das Reichsgericht verwies die Sache zurück. Das Landgericht hatte angenommen, daß das Fleisch des Ochsen für den menschlichen Genuß untauglich gewesen sei. Zum Tatbestand der §§ 3, 11 LMG. gehört aber, daß der Genuß des Fleisches geeignet ist, die menschliche Gesundheit zu schädigen. Dieser Begriff ist enger als jener der Untauglichkeit. Zum Genuß für Menschen untauglich ist auch Fleisch, das nur verdorben ist, dessen Einbringung in den Verkehr daher nur der milderen Strafvorschrift des § 12 LMG. unterliegt. Als verdorben war das Fleisch mit Recht angesehen worden; die Verdorbenheit zeigte sich ohne weiteres aus den Erscheinungen, die bei dem Zubereiten des Fleisches in den Haushalten der Käufer auftraten. Daraus ergab sich aber noch nicht, daß das Fleisch geeignet war, die menschliche Gesundheit zu schädigen. Eine Schädigung der Gesundheit liegt noch nicht darin, daß rein seelisch der Zustand von Widerwillen und Abscheu erzeugt wird, den man als Ekel bezeichnet; sie liegt erst dann vor, wenn sich aus der Wirkung des Ekelhaften eine lästige, körperliche Folgeerscheinung (z. B. Brechreiz) ergibt. Es genügt auch nicht, wenn die Möglichkeit besteht, daß der Genuß zu einer Schädigung der Gesundheit

führt; vielmehr muß das Vorhandensein von Eigenschaften, die zu einer Schädigung der Gesundheit führen können, bestimmt festgestellt werden. Für die neue Verhandlung wies das Reichsgericht darauf hin, daß der Angeklagte möglicherweise das Vorhandensein gesundheitsschädigender Eigenschaften des Fleisches im Sinn eines bedingten Vorsatzes angenommen habe. In diesem Falle war eine Bestrafung wegen versuchten Vergehens gegen §§ 3, 11 LMG. in Betracht zu ziehen. Mit einem solchen Versuch konnte unter Umständen nicht nur ein vollendetes Vergehen gegen §§ 4, 12 LMG., sondern auch Betrug in Tateinheit zusammentreffen, wenn der Angeklagte wissentlich die Käufer in ihrem Vermögen geschädigt hatte, indem er ihnen das Fleisch zu einem seinem Werte nicht entsprechendem Preise verkaufte. Außerdem war das Verhalten des Angeklagten aus dem Gesichtspunkte der §§ 271, 272 StGB. zu würdigen. Der Tauglichkeitsstempel des Fleischbeschauers ist eine öffentliche Urkunde. Der Schutz dieser Urkunde ist gegenüber den allgemeinen Vorschriften des Strafgesetzbuchs durch die Sondervorschrift des § 26 FleischBeschG. vermindert. Als Ausnahme von der Regel ist aber diese Sondervorschrift im Zweifel einschränkend auszulegen. Sie hindert nicht, daß ein Fleischbeschauer wegen Falschbeurkundung gestraft würde, der wissentlich den Tauglichkeitsstempel auf Fleisch anbrächte, das er bei der Beschau als nicht tauglich erkannt hat. Demgemäß ist auch wegen mittelbarer Falschbeurkundung nach § 271 StGB. zu verurteilen, wer durch Täuschung bewirkt, daß ein Fleischbeschauer bei seiner Untersuchung die Beschaffenheit von Fleisch nicht richtig erkennt und daher gutgläubig nicht taugliches Fleisch als tauglich abstempelt. Im Sinne des § 271 StGB. wird durch den Tauglichkeitsstempel keine Erklärung beurkundet; Erklärungen im Sinne dieser Vorschrift sind solche, die von der Urkundsperson entgegengenommen werden. Wohl aber bezeugt der Stempel die Tatsache, daß der Fleischbeschauer das Fleisch untersucht und auf Grund dieser Untersuchung für tauglich befunden hat. Diese Beurkundung hatte der Angeklagte durch die lügenhafte Vorspiegelung herbeigeführt, daß der Ochse von keinem Tierarzt behandelt worden sei. Die Tatsache, daß das Fleisch als tauglich angesehen wurde, war also in anderer Weise geschehen, als es durch die Urkunde bei einer der Verkehrsauffassung entsprechenden Auslegung bewiesen wurde. Bei der Anwendung des § 271 StGB. ist nicht schlechthin entscheidend, was Urkunden einer bestimmten Art nach den Vorschriften, die für ihre Errichtung maßgebend sind, ursprünglich zu beweisen bestimmt sind oder ursprünglich zu beweisen vermögen. Vielmehr kommt es darauf an, wie sich der Verkehr Urkunden dieser Art und den Umfang ihrer Beweiskraft zu würdigen gewöhnt hat. Wenn auch die Stempel der Fleischbeschauer ursprünglich nicht mehr zu beweisen bestimmt waren, als daß der Fleischbeschauer das Fleisch untersucht und für tauglich befunden hatte, hat sich doch der Verkehr infolge der im ganzen großen Zuverlässigkeit der Fleischbeschauer daran gewöhnt, den Stempel des Fleischbeschauers als beweisend dafür anzusehen, daß das so abgestempelte Fleisch tauglich ist. Die Tauglichkeit des Fleisches wird also als Tatsache angesehen, die durch den Stempel zu öffentlichem Glauben bewiesen wird. (I, 2. Januar 1940.)

Amtl. Sammlg. S. 26—33.

Vgl. Bd. 38 S. 349; Bd. 41 S. 189; Bd. 64 S. 136; Bd. 66 S. 132; Bd. 69 S. 281; Bd. 70 S. 229; Bd. 72 S. 201; Bd. 73 S. 83.

10. **Straßenverkehr.** (StrVerkO. § 1.) Auf der Reichsautobahn hielt während der Dunkelheit ein Lastkraftwagen mit Anhänger wegen eines Motorschadens an. Er stand einen Meter links von der rechten Kante der Fahrbahn mit abgeblendeten Lichtern; das Schlußlicht war sauber und brannte hell. Nach etwa 5 Minuten war der Schaden behoben; der Lastzug nahm die Fahrt wieder auf. Nachdem er einige Meter gefahren war, wurde er von einem ihm nachkommenden Lastzug angefahren. Durch den Zusammenstoß wurde ein auf dem zweiten Lastzug sitzender Mann so schwer verletzt, daß er nach einigen Tagen starb. Der Führer des zweiten Lastzuges wurde wegen fahrlässiger Tötung verurteilt. Seine Revision hatte keinen Erfolg. Aus dem Urteil des Reichsgerichts sind nur die Ausführungen veröffentlicht, die sich mit der Frage befassen, welche Bedeutung das Verhalten des Führers des ersten Lastzuges für die Verursachung des Unfalls hatte. Das Landgericht hatte es dahingestellt gelassen, ob er während der Ausbesserung der Motors be-

sondere Sicherungsmaßnahmen, z. B. durch Ausstellen von Sturmlaternen, hätte vornehmen müssen; es war davon ausgegangen, daß sich der Unfall erst ereignete, nachdem der erste Lastwagen wieder angefahren war, und daß in diesem Augenblick etwa ausgestellte Sturmlaternen wieder eingezogen gewesen wären. Das Reichsgericht schloß sich dieser Auffassung an. Besondere gesetzliche Vorschriften über die Sicherung von Kraftfahrzeugen, die auf öffentlichen Wegen mit Beschädigungen stilliegen, bestehen nicht; insbesondere ist die Aufstellung von Warnlaternen nicht vorgeschrieben. Welche Sicherungsmaßnahmen im Einzelfalle zu ergreifen sind, hängt von den Umständen ab. Der Fahrzeugführer hat sich so zu verhalten, daß kein anderer geschädigt oder mehr, als nach den Umständen unvermeidlich ist, behindert oder belästigt wird. Der Fahrer des ersten Lastzuges hatte sich vergewissert, daß das Schlußlicht hell brannte; da die Strecke geradlinig und gut übersichtlich war, durfte er sich darauf verlassen, daß ein hinter ihm kommender Verkehrsteilnehmer bei voller Aufmerksamkeit das Licht rechtzeitig wahrnehmen würde, zumal die Sicht in der fraglichen Nacht gut war und das Licht auf etwa 1000 Meter wahrgenommen werden konnte. Weitere Sicherungsmaßnahmen konnten nicht verlangt werden. (II, 8. Januar 1941.)

Amtl. Sammlg. S. 33—34.

11. Beauftragter Richter. Zeugenvernehmung. (StPO. § 69.) Nach der Niederschrift über die Vernehmung eines Zeugen durch den beauftragten Richter waren dem Zeugen im Anschluß an seine Angaben zur Person seine früheren Aussagen vorgelesen worden; er hatte diese als richtig bezeichnet und zum Gegenstand seiner neuerlichen Aussage gemacht. Das Reichsgericht erklärte das als unrichtig. Der Zeuge hätte zunächst veranlaßt werden sollen, sein Wissen über den Gegenstand im Zusammenhang anzugeben; nur wenn von ihm aus Gründen, die in seiner Person lagen (Alter, Gedächtnisschwäche u. ä.), keine solche Darstellung seiner Wahrnehmungen zu erlangen war, hatte eine Befragung oder ein Vorhalt durch den Richter stattzufinden. Ein Vorhalt früherer Aussagen begründet die Gefahr, daß sich der Zeuge durch diese Aussagen gebunden fühlt und seine Unbefangenheit verliert. Der Niederschrift über die Vernehmung des Zeugen muß in jedem

Falle zunächst zu entnehmen sein, daß er dem Richter eine eigene, zusammenhängende Darstellung seines Wissens gegeben hat. Deckt sich diese Darstellung ganz oder teilweise mit den früheren Aussagen des Zeugen, so ist es nicht unzulässig, ihn in der Niederschrift auf die ihm nochmals vorgelesenen Aussagen bezug nehmen zu lassen. Dieses Verfahren darf also lediglich einer Vereinfachung der Niederschrift und einer Vermeidung der Beurkundung gleichlautender Aussagen dienen. (II, 8. Januar 1940.)

Amtl. Sammlg. S. 35—36.

Vgl. Bd. 62 S. 147; Bd. 65 S. 273.

12. **Schutzhaft. Untersuchung.** (StGB. §§ 239, 341, 344.) Ein Beamter erwirkte durch unwahre Berichte, die er an den zuständigen Landrat erstattete, die Anordnung der Schutzhaft gegen eine ihm mißliebige Persönlichkeit. Seine Verurteilung auf Grund der §§ 239, 341, 344 StGB. wurde vom Reichsgericht bestätigt. Das Tatbestandsmerkmal des „Vornehmenlassens einer Verhaftung" besteht in der sich innerhalb der amtlichen Befugnisse bewegenden Mitwirkung des Beamten bei der Verhaftung. Mit Recht war auch angenommen worden, daß der Angeklagte die Eröffnung einer Untersuchung beantragt habe. Unter Untersuchung war ursprünglich das von einer zuständigen Behörde eingeleitete Verfahren zu verstehen, das auf die Ermittlung einer gesetzlich strafbaren Handlung und Herbeiführung der vom Gesetz dafür vorgesehenen Folgen abzielte. Die Schutzhaft und das Verfahren zu ihrer Verhängung sind im wesentlichen neue Einrichtungen. Abgesehen von dem Falle der Verhaftung zum eigenen Schutze des Betroffenen ist die Schutzhaft zulässig, wenn jemand durch sein Verhalten, insbesondere durch staatsfeindliche Betätigung, die öffentliche Sicherheit und Ordnung unmittelbar gefährdet. Der Reichsminister des Innern hat für das Verfahren Richtlinien gegeben, um eine einheitliche Handhabung im gesamten Reichsgebiet unter Vermeidung von Mißbräuchen und Willkürakten zu gewährleisten. Der Anordnung der Schutzhaft muß also eine Untersuchung vorhergehen. In ihren Folgen für den Betroffenen kann die Schutzhaft nicht anders beurteilt werden als eine Freiheitsstrafe. (III, 15. Januar 1940.)

Amtl. Sammlg. S. 36—38.

13. Beihilfe zum Meineid. (StGB. §§ 48, 154.) In einem Scheidungsverfahren erklärte ein Zeuge auf Eid, er sei seit der Trennung der Parteien nie mehr mit der klagenden Frau zusammengekommen und könne sich auch nicht entsinnen, sie nach diesem Zeitpunkt auf der Straße gesehen zu haben. Die Aussage widersprach der Wahrheit. Daß der Angeklagte sie auf Grund vorheriger Verabredung mit der Frau gemacht habe, konnte nicht festgestellt werden. In Übereinstimmung mit dem Landgericht nahm das Reichsgericht an, daß die Frau sich der Beihilfe zum Meineid schuldig gemacht habe, indem sie die Frage, ob die Aussage richtig sei, bejahte. Dadurch gestaltete sie die Umstände für die Tat des Angeklagten günstiger und machte es diesem möglich, auf seiner wahrheitswidrigen Aussage zu beharren und sie zu beschwören. Darüber hinaus bestand aber für sie, nachdem sie diese Erklärung abgegeben hatte, die Rechtspflicht bis zur Vereidigung des Zeugen der Gefahr, daß dieser seine unwahren Angaben nun wirklich beschwöre, dadurch entgegenzutreten, daß sie nunmehr offen die Wahrheit bekannte. Diese Verpflichtung wurde auch nicht dadurch beeinträchtigt, daß das Bekenntnis der Wahrheit für sie die Gefahr ungünstiger Beurteilung ihrer Beziehungen zu dem Zeugen durch das Scheidungsgericht mit sich brachte. Auch der innere Tatbestand der Beihilfe war bedenkenfrei nachgewiesen. Die Angeklagte war sich, als sie die an sie gerichtete Frage, ob der Zeuge die Wahrheit gesagt habe, wahrheitswidrig beantwortete, klar bewußt, daß der Zeuge durch ihr Verhalten in seinem Vorhaben, die Aussage zu beschwören, bestärkt wurde oder doch bestärkt werden konnte. Diesen Erfolg hatte sie nach der Überzeugung des Landgerichts auch gewollt und gebilligt. (II, 15. Januar 1940.) Amtl. Sammlg. S. 38—40.
Vgl. Bd. 72 S. 20.

14. Verführung. (ÖstStG. § 506.) Ein Mädchen war unter der Zusicherung der Ehe entführt worden. Der hiewegen angeklagte Mann verteidigte sich damit, daß er zu der Eheschließung bereit sei, daß aber das Mädchen davon nichts mehr wissen wolle. Die spätere Weigerung der Verführten, den Verführer zu heiraten, der sie durch die Zusage der Ehe seinen Wünschen gefügig gemacht hat, entschuldigt diesen nicht, wenn er die Weigerung selbst böswillig herbeigeführt hat. Der Angeklagte hatte keinerlei Schritte getan, um sein Versprechen einzulösen; er hatte das Mädchen verleitet, ihre Schwangerschaft unterbrechen zu lassen, war ihr gegenüber überaus roh und grob gewesen und hatte sich dann nicht mehr bei ihr blicken lassen. Mit Recht hatte das Erstgericht hieraus den Schluß gezogen, die Erklärung des Angeklagten, das Mädchen heiraten zu wollen, sei nicht ernstlich gemeint, sondern nur dazu bestimmt, eine Bestrafung zu verhindern; der Ablehnung konnte der Angeklagte sicher sein. (VI, 16. Januar 1940.)

Amtl. Sammlg. S. 40—41.

15. **Judenvermögen. Einziehung. Nachträgliche Anmeldung.** (StPO. § 430; VO. vom 26. April 1938 § 8; RAbgO. § 410.) Eine Jüdin unterließ die Anmeldung von Wertpapieren, holte sie aber nach, ehe Untersuchung gegen sie eingeleitet war. Während des Strafverfahrens starb sie. Das Reichsgericht erklärte die Einziehung der Wertpapiere für zulässig. Die Einziehung ist allerdings eine Nebenstrafe und kann als solche grundsätzlich nur gegen den Täter selbst verhängt werden. Es widerspräche aber dem offensichtlichen Willen des Gesetzgebers, wenn sie nach dem Tode des Täters nicht mehr zulässig wäre. Das selbständige Einziehungsverfahren ist zulässig, wenn aus irgendeinem Grunde die Verfolgung einer bestimmten Person nicht zulässig ist; als ein solcher Grund ist außer der Abwesenheit und Unbekanntschaft des Täters auch dessen Tod anzusehen. Die nachträgliche Anmeldung stand der Strafverfolgung nicht im Wege; § 410 RAbgO. ist eine Ausnahmevorschrift, die nicht auf andere als die ausdrücklich genannten strafbaren Handlungen ausgedehnt werden kann. Auch eine sinngemäße Anwendung ist nicht gerechtfertigt. Der Anmeldepflicht unterliegt jedes jüdische Vermögen ohne Rücksicht darauf, ob es einer Steuer unterliegt oder nicht. Mit Strafe ist zudem auch bedroht, wer die Anmeldepflicht nicht rechtzeitig erfüllt. (III, 25. Januar 1940.) Amtl. Sammlg. S. 41—44.
Vgl. Bd. 53 S. 161; Bd. 68 S. 404; Bd. 69 S. 385.

16. **Meineid. Strafermäßigung. Entsprechende Anwendung.** (StGB. §§ 2, 153, 157.) Ein Schuldner ver-

steckte ein Kraftrad, um es dem Zugriff seiner Gläubiger zu entziehen. Während das Verfahren hiewegen gegen ihn im Gange war, leistete er den Offenbarungseid. In dem Vermögensverzeichnis gab er der Wahrheit zuwider an, das Kraftrad verkauft und dem Käufer übergeben zu haben. Das Landgericht verurteilte ihn wegen Meineid, billigte ihm aber Strafermäßigung zu, weil er durch die Angabe der Wahrheit sich eine Bestrafung hätte zuziehen können. Das Reichsgericht erklärte das für unzulässig. Die Strafermäßigung aus dem angegebenen Grunde ist im Gesetz nur für Zeugen und Sachverständige vorgesehen, die ihre Eidespflicht verletzt haben. Diese Vergünstigung wird ihnen nicht nur wegen der Zwangslage gewährt, in die sie durch die Pflicht, die Wahrheit anzugeben, geraten können, sondern deshalb, weil diese Zwangslage durch die Erfüllung einer Pflicht entsteht, die ihnen im öffentlichen Interesse auferlegt ist. Beim Parteieneid liegt die Sache anders. Hier ist der Schwörende an dem Verfahren selbst beteiligt; es sind seine Belange, über die entschieden werden soll. Der Zwangslage, in die er durch die Auferlegung eines Eides geraten ist, wird er sich sehr oft dadurch entziehen können, daß er seine Belange preisgibt und die Eidesleistung verweigert. Auch wo das nicht möglich ist, trifft ihn die Zwangslage nicht schicksalhaft und ohne sein Zutun; sie wird vielmehr in der Regel durch sein vorheriges Verhalten herbeigeführt sein. So lag die Sache hier. Der Angeklagte konnte von vornherein damit rechnen, daß der Gläubiger den Offenbarungseid verlangen werde; wenn er trotzdem das Kraftrad versteckte und damit eine strafbare Handlung beging, schuf er selbst die Zwangslage, in der er den Eid leistete. Die Auffassung des Landgerichts würde dazu führen, daß der Täter, der einen falschen Offenbarungseid geschworen hat, günstiger behandelt würde, wenn er außerdem zum Schaden des Gläubigers eine weitere Straftat begangen hätte. Die Vorschrift des § 157 StGB. stellt eine Ausnahme von der Regel dar; eine entsprechende Anwendung ist ausgeschlossen. § 2 StGB. ist dazu geschaffen worden, nach Möglichkeit zu verhüten, daß der, der eine strafwürdige Tat begangen hat, durch die Maschen des Gesetzes schlüpft oder zu milde bestraft wird. Das Reichsgericht erklärte es als fraglich, ob zugunsten des Täters aus dieser

Vorschrift Folgerungen abgeleitet werden können, ließ aber die Frage offen. (I, 26. Januar 1940.)

Amtl. Sammlg. S. 44—47.

Vgl. Bd. 70 S. 173; Bd. 72 S. 20.

17. Beleidigung. Strafantrag. Rassenehre. Vernehmung. (StGB. §§ 61, 185, 194; StPO. § 247.) Ein Jude stellte an eine deutschblütige Frau unsittliche Zumutungen. Als sie hiewegen Strafantrag gegen ihn stellte, berief er sich darauf, daß die Frist dafür abgelaufen sei. Sie erklärte, daß sie erst nachträglich Kenntnis von seiner Eigenschaft als Jude erlangt habe. Das Reichsgericht entschied, daß von der Erlangung dieser Kenntnis an die Frist zur Stellung des Strafantrags neu begann, weil die Frau damit erkannte, daß nicht nur ihre Frauenehre, sondern auch ihre Rassenehre verletzt worden sei. Zu der Kenntnis von der Handlung und der Person des Täters, welche die Frist in Lauf setzt, gehört auch das Wissen von Tatsachen, die einen Schluß auf wesentliche Umstände der Tat und den Täter zulassen, so daß der Verletzte bei verständiger Überlegung zu beurteilen in der Lage ist, ob er Strafantrag stellen soll. Die Stellung, die den Juden in Deutschland zugewiesen ist, gibt einem Angriff auf die Ehre einer deutschen Frau eine wesentlich andere Bedeutung, als sie ihr zunächst erscheinen mußte. Damit änderten sich für die beleidigte Frau auch die Erwägungen für die Frage, ob sie Strafantrag stellen solle. — In der Verhandlung wurden Zeuginnen in Abwesenheit des Angeklagten vereidigt. Die hierauf gestützte Revision hatte keinen Erfolg. Das Reichsgericht hat allerdings früher die Frage verneint, ob die Vereidigung einen Bestandteil der Vernehmung bilde. An dieser Auffassung wurde nicht mehr festgehalten. Sie haftet zu sehr am Wort und an der äußeren Form und berücksichtigt übermäßig die Belange der Verteidigung. Nach der natürlichen Auffassung gehören die Vernehmung und die Vereidigung sachlich und in ihrer Bedeutung beim Zeugenbeweis zusammen. Die Aussage ist in der Regel erst wirklich abgeschlossen, wenn sie beeidigt ist; erst durch die Vereidigung erlangt die Vernehmung ihren wahren Beweiswert. Eine Befangenheit des Zeugen bei der Vereidigung ist der Wahrheitserforschung ebenso abträglich wie bei der Aussage. (I, 26. Januar 1940.)

Amtl. Sammlg. S. 44—51.

Vgl. Bd. 6 S. 47; Bd. 39 S. 356; Bd. 69 S. 253, 378; Bd. 71 S. 377; Bd. 73 S. 306.

18. **Devisenrecht. Erschleichen. Unvollständige Angaben.** (DevG. 1935 § 42 Nr. 7; DevG. 1938 § 69 Nr. 7.) Ein Kaufmann ließ durch seine Bank an die zuständige Devisenstelle den Antrag richten, ihm ein Sperrmarkdarlehen zu genehmigen; als die Industrie- und Handelskammer, die sich gutachtlich zu dem Antrag zu äußern hatte, ihn zu einer Erklärung aufforderte, begründete er den Antrag mit seinen geschäftlichen Verhältnissen. In Wirklichkeit war sein Bedürfnis nach langfristig verfügbarem fremden Geld vor allem dadurch entstanden, daß sein Schwiegervater Geld, das er in das Unternehmen gesteckt hatte, herauszog, um es als Auswanderer aus dem Saargebiet mit in die Schweiz zu nehmen. Diese Lücke der Darstellung ließ den Sachverhalt anders erscheinen, als er in Wirklichkeit war; die Angaben, die der Devisenstelle gemacht wurden, waren also unvollständig. Das Landgericht hatte auch festgestellt, daß sich der Angeklagte bewußt war, er werde die Genehmigung kaum erhalten, wenn er der Devisenstelle den wahren Grund seines Geldbedürfnisses angab. Das Gesetz fordert im Verkehr mit den Devisenstellen grundsätzlich volle Wahrhaftigkeit und bestraft jede Unwahrheit, deren sich der Täter in der Absicht schuldig macht, durch sie eine devisenrechtliche Genemigung zu erlangen. Die Verurteilung war also einwandfrei begründet. (I, 28. November 1939.).

Amtl. Sammlg. S. 51—54.

Vgl. Bd. 70 S. 406.

19. **Berufsverbot. Kannvorschrift.** (StGB. § 42 l.) Das Landgericht hatte den Antrag des Staatsanwalts, den Angeklagten die Ausübung ihres Gewerbes zu untersagen, mit der Begründung abgelehnt, daß ihre bisherige Geschäftsführung einwandfrei gewesen sei. Das Reichsgericht verwies die Sache zurück. Wenn im § 42 l StGB. gesagt ist, daß die Ausübung des Gewerbes untersagt werden kann, wenn das erforderlich ist, um die Allgemeinheit vor weiterer Gefährdung zu beschützen, liegt darin ein Befehl an den Richter, die Vorschrift anzuwenden,

wenn es ihr Zweck angemessen erscheinen läßt; nur unter besonderen Umständen darf von dem Verbote abgesehen werden. Ob solche vorliegen, hat der Tatrichter zu prüfen. Für die Frage, ob die Anordnung erforderlich ist, ist nicht der Zeitpunkt der Aburteilung maßgebend, sondern der Zeitpunkt, in dem der Verurteilte aus der Strafhaft entlassen wird. (V, 1. Februar 1940.)

Amtl. Sammlg. S. 54—55.
Vgl. Bd. 72 S. 356.

20. Devisenrecht. Verfügung. Begehungsort. Auswanderer. Beihilfe. (DevG. 1935 §§ 6, 9, 48, 55, 69; 1. DurchfVO. Art. I § 1; 3. DurchfVO. Art. II; Richtl. vom 4. Februar 1935 Abschn. I Nr. 5.) Ein staatenloser Kaufmann verlegte seinen Wohnsitz ins Ausland, behielt aber im Inland eine Niederlassung bei. Forderungen gegen Ausländer, die aus Verkäufen dieser Niederlassung entstanden waren, zog er im Ausland ein, bot die eingezogenen Beträge aber der Reichsbank oder einer Devisenbank nicht an. Das verstieß gegen das Devisengesetz von 1935. Zwar bedarf es keiner besonderen Genehmigung dazu, daß der inländische Gläubiger eines Ausländers ausländische Zahlungsmittel für seine Forderung entgegennimmt; den devisenrechtlichen Belangen wird dadurch genügt, daß der Anfall der Zahlungsmittel die Anbietungspflicht begründet. Wird aber die Forderung unter Umständen eingezogen, die den Willen, dieser Pflicht nicht nachzukommen, klar erkennen lassen, so enthält schon die Entgegennahme des Forderungsbetrages ohne Genehmigung ein verbotenes Verfügen über die Forderung. Auch wenn der Angeklagte zur Zeit der Einziehung seinen Wohnsitz schon in das Ausland verlegt hatte, blieb der inländische Geschäftsbetrieb mit den Forderungen, die aus ihm erwuchsen, der deutschen Devisenhoheit unterworfen; rechtlich nicht selbständige inländische Betriebe eines Ausländers gelten als im Inland ansässig. Im Sinne des Devisenrechts ist der inländische Betrieb wie eine selbständige Rechtspersönlichkeit zu behandeln, die mit ihren Rechten und Verpflichtungen den Beschränkungen und Verboten des Devisengesetzes in vollem Umfange unterliegt. Die Vorschrift, daß ein Pflichtiger, der sich beim Eintritt der Verpflichtung im Auslande befindet, die Verpflichtungen innerhalb einer Woche nach der Rückkehr in das Inland zu erfüllen hat, kann sinngemäß nur für Inländer gelten, die sich vorübergehend im Auslande aufhalten, nicht aber für Auswanderer oder Ausländer im Sinne des Devisenrechts. Die strafrechtliche Verfolgung des Angeklagten hing davon ab, ob die Taten im Inland begangen waren. Das traf zu. Als Ort der Begehung einer strafbaren Handlung kommt jeder Ort in Betracht, an dem irgendein Teil des Tatbestandes verwirklicht worden ist, mag es sich um Ausführungshandlungen oder um tatbestandsmäßige Wirkungen handeln. Bei den Verfügungen über die Forderungen bestand die unmittelbare tatbestandsmäßige Wirkung darin, daß die Forderungen erloschen. Als Träger der Forderungen war für die devisenrechtliche Betrachtung die im Inland gelegene Niederlassung des Angeklagten, nicht ihr im Ausland ansässiger Inhaber angesehen worden. Sie wurde durch die Verfügung unmittelbar betroffen; somit geschah der Eingriff in die deutsche Devisenhoheit in seiner tatbestandsmäßigen Wirkung im Gebiete des Deutschen Reiches. Zuwiderhandlungen durch Unterlassen sind da begangen, wo die Handlung vorzunehmen war. Auch insoweit war Begehungsort das Inland, da hier die eingezogenen Beträge anzubieten waren. Der Sohn des Angeklagten war diesem beim Einziehen der Forderungen behilflich gewesen. Auch diese Tat war im Inland begangen. Aus der unselbständigen Natur der Beihilfe, ihrer Abhängigkeit von der Haupttat, ergibt sich, daß der Ort der Begehung der Haupttat auch als Begehungsort der Beihilfe zu gelten hat, gleichviel, wo der Gehilfe seine Tätigkeit entwickelt hat. Die Beihilfe besteht in einer Förderung der Haupttat, die notwendig ihre Wirkung auch da äußert, wo die Haupttat begangen wird. (IV, 2 Februar 1940.) Amtl. Sammlg. S. 56—60.

Vgl. Bd. 19 S. 147; Bd. 43 S. 84; Bd. 67 S. 130, 136; Bd. 70 S. 26, 334, 344, 349.

21. **Heilbehandlung. Fahrlässige Tötung.** (StGB. § 222.) Ein Heilpraktiker nahm eine Frau in Behandlung, die wegen Blutarmut mit Leberzubereitungen behandelt worden war. Er setzte diese Behandlung nicht fort, obwohl ihm bekannt war, daß sie von der ärztlichen Wissenschaft als Heilart von überragender Bedeutung anerkannt ist. Die Frau starb. Die Verurteilung wegen

fahrlässiger Tötung wurde vom Reichsgericht bestätigt. Es ist möglich, daß bei einer bestimmten Krankheit ein bestimmtes Mittel besonders wirksam ist und infolgedessen im Verhältnis zu allen anderen Heilmitteln einen wesentlichen Vorrang vor anderen Mitteln hat. In einem solchen Falle sind Ärzte und Heilbehandler grundsätzlich verpflichtet, das Mittel anzuwenden. Der Angeklagte handelte demnach fahrlässig, als er die Leberbehandlung nicht wenigstens von dem Zeitpunkt an zur Anwendung brachte, in dem er klar erkannte, daß die Frau mit den in den Schriften des Heilpraktikerverbandes empfohlenen Mitteln nicht mehr zu retten war. In einem solchen Falle darf auch der Anhänger eines anderen Heilverfahrens nicht die besseren Erfolge der anderen Richtung außer acht lassen. (III, 12. Februar 1940.) Amtl. Sammlg. S. 60—62. Vgl. Bd. 64 S. 263; Bd. 67 S. 12; JW. 1937 S. 3087.

22. **Volksschädling. Ausnutzung der Verdunkelung.** (VolksSchädlVO. § 2.) Ein Polizeibeamter betrat zum Zwecke der Verdunkelung ein Gehöft. Der Eigentümer geriet dadurch so in Erregung, daß er eine Weinflasche gegen den Beamten warf. Er wurde wegen Widerstand gegen die Staatsgewalt nach der Verordnung gegen Volksschädlinge verurteilt. Seine Revision hatte keinen Erfolg. Sie war damit begründet, daß eine Ausnutzung der Verdunkelung nicht stattgefunden habe; im Gegenteil habe die Verdunkelung ein genaues Zielen des Angeklagten erschwert; auch habe die Verdunkelung nach Lage der Sache die Entdeckung des Täters nicht gehindert. Ein Verbrechen oder Vergehen gegen Leib, Leben oder Eigentum ist allerdings nicht schon dann unter Ausnutzung der zur Abwehr von Fliegergefahr getroffenen Maßnahmen begangen, wenn es im Wirkungsbereiche dieser Maßnahmen, also während der infolge der Verdunkelung herrschenden Dunkelheit verübt worden ist; die Ausführung der Tat muß durch die Verdunkelung irgendwie erleichtert worden sein. Das traf aber zu. Der Beamte konnte infolge der Dunkelheit nicht erkennen, welche Gefahr ihm drohte, konnte ihr auch nicht entgegentreten oder ausweichen. Bei hellem Licht hätte der Angeklagte nicht gewagt, die Flasche nach dem etwa nur zwei Meter von ihm entfernten Beamten zu werfen; er entschloß sich zu dem Angriff, weil er infolge der Verdunkelung die Gelegenheit für günstig hielt. Da-

mit waren auch die Voraussetzungen des inneren Tatbestandes erfüllt. (I, 16. Februar 1940.)

Amtl. Sammlg. S. 62—64.

23. **Gewohnheitsverbrecher.** (StGB. § 20a). Eine Tat, die an sich als ein Vergehen zu erachten ist, wird nicht dadurch zum Verbrechen, daß sie im Einzelfalle gemäß § 20a StGB. mit Zuchthaus zu bestrafen ist. Demgemäß kann der Versuch eines Vergehens, der nicht mit Strafe bedroht ist, nicht durch die Anwendung dieser Vorschrift strafbar werden. Auch die Verjährung richtet sich nach den Vorschriften für Vergehen, nicht nach jenen für Verbrechen. Ob die Voraussetzungen des § 20a StGB. vorliegen, ist nicht selten schwer zu entscheiden, insbesondere für die Strafverfolgungsbehörde. Die Vorschrift schafft lediglich eine Strafschärfung für eine besondere Art von Tätern, nämlich für die Gewohnheitstäter. Daß sie im Gesetz als Gewohnheitsverbrecher bezeichnet werden, ist ohne Bedeutung für die Frage, ob die einzelnen Handlungen Verbrechen oder Vergehen sind. (I, 9. Dezember 1939.) Amtl. Sammlg. S. 65—69.

Vgl. Bd. 70 S. 289.

24. **Hilfeleistungspflicht. Kriegsverfahren.** (StGB. § 330c; KStVO. § 120.) Ein Personenkraftwagen stieß mit einem Motorrad zusammen. Eine auf dem Motorrad mitfahrende Frau wurde so schwer verletzt, daß sie zwei Tage später starb. Der Führer des Wagens fuhr noch ungefähr 600 Meter weiter zu einem Haus, in dem einer seiner Fahrgäste wohnte. Nachdem er dort erfahren hatte, daß durch den Zusammenstoß jemand verletzt worden sei, kehrte er zur Unfallstelle zurück; dort war bereits ein Arzt eingetroffen. Er wurde wegen fahrlässiger Tötung und wegen Verletzung der Hilfeleistungspflicht verurteilt. Seine Revision hatte keinen Erfolg. § 330c StGB. bedroht den mit Stafe, der bei Unglücksfällen oder gemeiner Gefahr oder Not nicht Hilfe leistet, obwohl das nach gesundem Volksempfinden seine Pflicht ist. Das gesunde Volksempfinden ist darnach entscheidend sowohl dafür, ob überhaupt eine Pflicht zur Hilfeleistung bestand, wie schließlich auch dafür, in welcher Form und zu welcher Zeit Hilfe hätte geleistet werden sollen. Nach der inneren Tatseite gehört zum Tatbestand ein vorsätzliches Unterlassen der Hilfeleistung; bedingter Vorsatz genügt. Der

Angeklagte war sich nach den Feststellungen des Landgerichts bewußt gewesen, daß er einen Zusammenstoß gehabt haben müsse und daß dabei auch Menschen verletzt sein konnten, also möglicherweise seiner Hilfe bedurften. Auch wenn er diese Kenntnis nicht sofort nach dem Zusammenstoß erlangte, mußte ihm doch, als er anhielt, das Aussehen seines Wagens Klarheit hierüber verschafft haben. Es war ihm nicht zu verdenken, daß er zunächst seine eigenen Verletzungen auf ihre Schwere untersuchte und sein Äußeres leidlich in Ordnung brachte; sobald er aber festgestellt hatte, daß er nur geringfügig verletzt war, hatte er nach der Auffassung jedes anständig denkenden Volksgenossen die Pflicht, sich nunmehr sofort der von dem Unfall Betroffenen anzunehmen. Er hatte allerdings einen jugendlichen Fahrgast nach der Unfallstelle geschickt; damit hatte er aber seine Pflicht auch dann nicht erfüllt, wenn dieser in der Lage war, Hilfe zu leisten. Da er fast nicht verletzt und daher zu eigener Hilfeleistung durchaus imstande war, oblag es ihm selbst als Kraftwagenführer, der einen Zusammenstoß mit einem anderen Fahrzeug gehabt hatte, sich darum zu kümmern, ob bei dem Unfall Menschen verletzt worden waren und wie ihnen geholfen werden konnte. Dazu hätte er sich so schnell als möglich mit seinem Wagen an die Unfallstelle zurückbegeben müssen. — Der Angeklagte gehörte der Wehrmacht an. Der zuständige Gerichtsherr erklärte sich damit einverstanden, daß das schon vor seinem Eintritt in die Wehrmacht eingeleitete Verfahren durch die Behörden der allgemeinen Gerichtsbarkeit fortgesetzt wurde. Die Vorschrift, daß im Falle des Übergangs von Strafverfahren in das Kriegsverfahren Rechtsmittel als zurückgenommen gelten, bezieht sich nicht auf Strafsachen, die bei den Behörden der allgemeinen Gerichtsbarkeit anhängig sind und mit Zustimmung des Gerichtsherrn fortgesetzt werden. Es kann nicht der Sinn der Vorschrift sein, in solchen Fällen die Urteile ohne jede Nachprüfung rechtskräftig werden zu lassen. (I, 19. Januar 1940.)

Amtl. Sammlg. S. 69—73.

Vgl. Bd. 71 S. 200.

25. Fahrlässige Tötung. Reichsautobahn. Sicherungsmaßnahmen. (StGB. § 222; StrVerkO. §§ 1, 9, 24, 49.) Auf einer Reichsautobahnstrecke fuhr ein Lastkraftwagen während der Nacht auf einen dort haltenden Lastkraftwagen auf; zwei Personen wurden durch den Zusammenstoß getötet. Das Landgericht sprach die Führer beider Wagen von der Anklage der fahrlässigen Tötung und einer Übertretung der Straßenverkehrsordnung frei. Das Reichsgericht verwies die Sache zurück. Der haltende Wagen befand sich auf der rechten Seite der Fahrbahn und war vorschriftsmäßig beleuchtet. Ein allgemeines Verbot, auf der Reichsautobahn außerhalb der Parkplätze anzuhalten, besteht nicht, doch ergibt sich aus der Grundregel des § 1 StrVerkO., daß ein solches Anhalten nur in Notfällen aus zwingenden Gründen zulässig sein kann. Auch wenn ein solcher Grund vorlag, war zu prüfen, ob es nicht bei der gegebenen Sachlage Pflicht des Führers des Wagens gewesen wäre, sich sorgfältig klar zu machen, ob die vorschriftsmäßige Beleuchtung seines Wagens genügte, um einen Unfall zu verhüten. Die Unterlassung solcher Maßnahmen konnte eine fahrlässige Verletzung des § 41 StrVerkO. und zugleich eine fahrlässige Verursachung der Folgen des Unfalls darstellen. Der Führer des nachkommenden Wagens hatte wegen eines entgegenkommenden Fahrzeugs abblenden müssen; dadurch hatte sich die Sicht für ihn vorübergehend verschlechtert. Das begründete für ihn die Pflicht, seine Geschwindigkeit so herabzusetzen, daß er beim Auftreten eines Hindernisses in dem durch das Abblenden verkürzten Lichtscheine seiner Scheinwerfer immer noch vor dem Hindernis anhalten oder ihm ausweichen konnte. Das Landgericht hatte angenommen, daß die Anwendung der Regeln des Straßenverkehrs für den Verkehr auf den Reichsautobahnen eine Überspannung der Sorgfaltspflicht bedeute. Dieser Auffassung trat das Reichsgericht nicht bei. Die Autobahnen sind zwar Straßen des schnellen Verkehrs; sie bleiben aber trotz ihrer bevorzugten Stellung Verkehrswege, auf denen Kraftfahrzeuge aller Art mit sehr verschiedener Geschwindigkeit verkehren. Die Erfahrung hat auch gelehrt, daß unbeleuchtete Hindernisse auf der Autobahn nicht selten sind. Es besteht die Möglichkeit, daß ein Fahrzeug im Fall einer Betriebsstörung nicht sofort beleuchtet oder sonst kenntlich gemacht werden kann, ohne daß eine Nachlässigkeit des Führers vorliegt; möglich ist auch, daß bei einem langsam fahrenden Wagen das Schlußlicht plötzlich versagt. In solchen Fällen können Unfälle nur durch die Aufmerksamkeit der Verkehrsteilnehmer selbst vermieden werden. Deshalb muß auch der Fahrer auf der Reichsautobahn mit dem plötzlichen Auftreten unbeleuchteter Hindernisse rechnen und sich in seiner Fahrweise darnach einrichten. (II, 22. Januar 1940.)

Amtl. Sammlg. S. 73—77.

Vgl. Bd. 71 S. 182; Bd. 74 S. 33.

26. **Unzucht. Verführung.** (StGB. §§ 175, 175 a, 183.) Ein Mann forderte einen 15jährigen Burschen auf, mit ihm in ein Gehölz zu gehen. Als dieser ablehnte, entblößte er seinen Geschlechtsteil und spielte vor den Augen des Burschen mit den Händen daran. Er wurde wegen versuchter Verführung zur Unzucht verurteilt. Das Reichsgericht verwies die Sache zurück. Die Merkmale „Unzucht treiben mit" oder „sich zur Unzucht mißbrauchen lassen von", haben bei der Verführung nach § 175 a dieselbe Bedeutung wie im § 175; es gehört dazu, daß das Tun, zu dem der Minderjährige verführt werden soll, für ihn selbst den Tatbestand des § 175 erfüllt. Das ist erst dann der Fall, wenn er dieses Tun (hier das Zuschauen) zur Erregung oder Befriedigung der Sinnlichkeit (der eigenen oder der anderer) vornehmen soll. Nach der äußeren Tatseite gehört dazu nicht, daß es zu einer körperlichen Berührung gekommen ist; doch genügt andererseits nicht, daß sich der eine Teil darauf beschränkt, unzüchtige Handlungen an sich in Gegenwart des anderen vorzunehmen. In Fällen wie dem vorliegenden mußten besondere Umstände vorliegen, um den Tatbestand nach der äußeren wie nach der inneren Seite von dem gewöhnlichen unzüchtigen Entblößen abzuheben, das im allgemeinen von den §§ 183, 185 StGB. erfaßt wird. Die bloße Aufforderung, den durch eine unzüchtige Entblößung geschaffenen Anblick in sich aufzunehmen, reicht hierfür noch nicht aus. Die Rechtsprechung zu § 176 Nr. 3 (Verleitung von Personen unter 14 Jahren zur Duldung unzüchtiger Handlungen) kann nicht herangezogen werden, da hiefür besondere Maßstäbe gelten. (IV, 2. Februar 1940.) Amtl. Sammlg. S. 77—97.

Vgl. Bd. 73 S. 78.

27. **Devisenrecht. Umgehung. Freigrenze. Zahlungsmittel. Gesetzesauslegung.** (DevG. 1935 §§ 6, 9, 13, 42,

44.) Ein Optiker verkaufte an Juden, die auswandern wollten, photographische Apparate und andere Geräte im Werte von etwa 90000 *RM*; ihre Absicht, die Sachen in das Ausland mitnehmen zu wollen, war ihm bekannt. Daß die Sachen tatsächlich ins Ausland verbracht und dort verkauft worden waren, konnte nicht nachgewiesen werden. Die Verurteilung wegen Beihilfe zu versuchten Devisenzuwiderhandlungen der Käufer gegen § 9 Abs. 2 DevG. 1935 (genehmigungslose Verfügung über ausländische Zahlungsmittel) wurde nicht bestätigt. Das Reichsgericht verwies die Sache zurück zur Prüfung, ob nicht § 13 DevG. 1935 zur Anwendung kam. Das traf zu, wenn die jüdischen Auswanderer ihr Vorhaben durchgeführt oder die Durchführung wenigstens versucht hatten. Nach dem Wortlaut verbietet die Vorschrift allerdings nur, Zahlungsmittel, Wertpapiere, Geld und Edelmetalle ohne Genehmigung in das Ausland zu verbringen. Das damit verfolgte Ziel kann aber nur erreicht werden, wenn auch andere Wertarten erfaßt werden, die der Täter für die Versendung oder Überbringung in das Ausland nur heranzieht, um dem Genehmigungszwange zu entgehen. In den Richtlinien vom 22. Dezember 1938, die nach § 97 DevG. 1938 devisenrechtliche Vorschriften mit verbindlicher Kraft auslegen können, ist bestimmt, daß es als Verletzung der Devisenvorschriften angesehen werden muß, wenn jemand inländische Vermögenswerte mit Hilfe solcher Gegenstände, die nicht ausdrücklich devisenrechtlichen Beschränkungen unterliegen, in das Ausland überträgt. Sinngemäß galt das schon für das Devisengesetz 1935. Als Zahlungsmittel im devisenrechtlichen Sinne ist anzusehen, was im wirtschaftlichen Verkehr dazu bestimmt ist, Aufgaben des Geldes zu erfüllen. Die jüdischen Käufer wollten die vom Angeklagten erworbenen Gegenstände nicht behalten; diese sollten nur die wirklichen Zahlungsmittel für den Augenblick des Grenzübertritts vertreten. Vom Standpunkt der Käufer aus sollten also nicht Waren, sondern Zahlungsmittel in das Ausland geschafft werden. Die Käufer wollten mit der Beschaffung der Ersatzwerte lediglich die Einholung der sonst erforderlichen devisenrechtlichen Genehmigung umgehen. Im Steueranpassungsgesetz vom 16. Oktober 1934 ist als Grundsatz ausgesprochen, daß durch Mißbrauch von Formen und Gestaltungsmöglichkeiten des bürgerlichen Rechts nicht die Steuerpflicht umgangen oder gemindert werden kann. Die Devisengesetze sind ihrem Wesen und ihrem Zwecke nach ebenfalls wirtschaftlich zu betrachten, und daher in allen ihren Vorschriften nicht lediglich nach rein rechtlichen, insbesondere bürgerlich-rechtlichen Grundsätzen auszulegen, sondern unter Wahrung ihres rechtlichen Gehaltes vor allem nach wirtschaftlichen Gesichtspunkten. Bei einer solchen Betrachtungsweise ist der angegebene steuerrechtliche Grundsatz dem § 13 DevG. mindestens nahe verwandt, wenn nicht gleichbedeutend. Die Vorschriften über die Freigrenze (§ 6 Abs. 2, 3. DurchfVO.) konnten nicht in Anwendung kommen. Nach § 6 Abs. 1 sollen Auswanderer den Beschränkungen des Devisenrechts hinsichtlich der Werte, die davon schon vor der Auswanderung betroffen waren, auch dann unterworfen bleiben, wenn die Beschränkungen infolge der Verlegung des Wohnsitzes oder gewöhnlichen Aufenthaltes in das Ausland an sich wegfallen würden. Nur von dieser Verschlechterung der Rechtslage der Auswanderer macht Abs. 2 eine Ausnahme. Für Beschränkungen, die sich nicht erst aus Abs. 1 ergeben, trifft auch Abs. 2 nicht zu. Das Verbot des § 13 DevG. 1935 galt aber, auch in seiner erweiterten Gestalt, gegen jedermann, gleichviel, ob er Auswanderer war oder nicht. Die Vorschrift des § 44 DevG. hätte dem Angeklagten nur zugute kommen können, wenn nachgewiesen worden wäre, daß er die Tat für erlaubt gehalten habe. Das war nicht der Fall. (I, 13. Februar 1940.) Amtl. Sammlg. S. 79—83.

28. **Beihilfe zur Kindstötung.** (StGB. §§ 49, 50, 211, 217.) Eine Frau tötete ein Kind, das ihre unverheiratete Schwester bei ihr geboren hatte, unmittelbar nach der Geburt in der Weise, daß sie es in eine Badewanne legte, in der es ertrank. Sie wurde wegen Mord verurteilt. Das Reichsgericht verwies die Sache zurück. Die Feststellung, daß die Angeklagte die Tat vorsätzlich und mit Überlegung ausgeführt habe, genügt nicht, um das Urteil zu tragen. Es wäre weiter zu prüfen gewesen, ob sie die Handlung als eigene gewollt oder lediglich die Tat ihrer Schwester hatte unterstützen wollen. Das Urteil hatte festgestellt, daß die Schwester das größere Interesse an der Beseitigung des Kindes hatte, da die

öffentliche Mißachtung als uneheliche Mutter gerade sie hätte treffen müssen. Das legte die Annahme nahe, daß die Angeklagte nicht mit Täterwillen gehandelt hatte. Wegen Beihilfe zur Kindstötung konnte sie allerdings nicht verurteilt werden, weil der Tatbestand der Kindstötung nur bei ihrer Schwester zutraf. Ob sie wegen Beihilfe zum Mord oder Beihilfe zum Totschlag zu verurteilen war, hing davon ab, ob ihre Schwester, nicht sie, bei der Ausführung der Tat mit Überlegung gehandelt hatte. (III, 19. Februar 1940.)

Amtl. Sammlg. S. 84—86.
Vgl. Bd. 72 S. 373.

29. Versuch der Rassenschande. Notzucht. Nötigung. (BlutSchG. §§ 2, 5.) Ein Mann, der mit einer Jüdin geschlechtlich verkehrt hatte und hiewegen bestraft worden war, kam nach Verbüßung der Strafe an ihre Wohnung und verlangte Einlaß. Als sie das verweigerte, schlug er eine Fensterscheibe ein. In der Nacht erschien er wieder und erklärte, er werde auch noch die andere Scheibe einschlagen, wenn er nicht eingelassen würde. Das Landgericht sprach ihn von der Beschuldigung der versuchten Rassenschande frei mit der Begründung, daß es selbst dann, wenn der Entschluß des Angeklagten angenommen wurde, mit der Frau erneut geschlechtlich zu verkehren, an dem Anfang der Ausführung des geplanten Verbrechens fehle. Das Reichsgericht verwies die Sache zurück. Wenn es dem Angeklagten gelungen wäre, durch seine Drohung die Frau zu bewegen, ihn zu sich in die Wohnung einzulassen, wäre die Möglichkeit der unmittelbaren Verwirklichung des beabsichtigten Geschlechtsverkehrs an sich gegeben gewesen; auch wäre zu prüfen gewesen, ob der Angeklagte nicht in diesem Falle entschlossen war, den Versuch des Geschlechtsverkehrs auch gegen den Willen der Frau zu unternehmen. Für die Frage, wann ein Versuch der Rassenschande anzunehmen ist, verwies das Reichsgericht auf seine früheren Entscheidungen. Liebeswerbungen, welche die Frau zum Geschlechtsverkehr willenmäßig geneigt machen sollen, sind nach natürlicher Auffassung nicht als Geschlechtsverkehr anzusehen. Der vom Angeklagten vorgenommene Nötigungsversuch dagegen stand mit dem beabsichtigten Geschlechtsverkehr in so engem und zwangsmäßigem Zusammenhang, daß er bei natürlicher Betrachtungsweise mit ihm als eine einheitliche Handlung, mithin als Bestandteil des beabsichtigten Verbrechens angesehen werden konnte. Die Grenzen der Vorbereitung waren damit überschritten. Ein Versuch des Verbrechens der Notzucht war dagegen nicht anzunehmen, da noch keine Gewaltanwendung zur Herbeiführung des Beischlafs vorlag. (II, 22. Februar 1940.)

Amtl. Sammlg. S. 86—88.

Vgl. Bd. 70 S. 375; Bd. 71 S. 4, 7, 129, 283; Bd. 73 S. 76, 94, 142.

30. Gleichgeschlechtliche Unzucht. Versuch. (TschechStG. §§ 8, 9, 129 I b.) Ein Mann forderte einen anderen auf, seinen Geschlechtsteil in den Mund zu nehmen. Das Landgericht sprach ihn frei, da in der Handlung ein Versuch des Verbrechens der Unzucht wider die Natur nicht zu finden sei. Das Reichsgericht verwies die Sache zurück. Eine Bestrafung des Angeklagten wäre nach § 9 TschechStG. möglich gewesen, da er den anderen zu einer Unzuchtshandlung aufgefordert hatte. Es traf auch nicht zu, daß nur eine straflose Vorbereitungshandlung vorlag. Von einer solchen kann nach tschechischem Recht nur so lange die Rede sein, als sich nicht die strafgesetzwidrige Absicht des Täters in einer Handlung offenbart. Sobald der Wille, die Straftat zu begehen, in einer Handlung eine aus den äußerlichen Vorgängen vollkommen erkennbare Darstellung gefunden, der böse Vorsatz sich also im äußeren Tun des Angeklagten verkörpert hat, ist den Voraussetzungen des § 8 TschechStG. genügt. Die Auffassung des Landgerichts, die mündliche Aufforderung zum gleichgeschlechtlichen Verkehr sei keine Handlung im Sinne dieser Vorschrift, faßte diesen Begriff zu eng. Sie war im vorliegenden Falle eine zur wirklichen Ausübung führende Handlung, wenn sie unter Berücksichtigung der Begleitumstände keinen Zweifel daran übrig ließ, daß der Täter den gleichgeschlechtlichen Verkehr, zu dem er aufgefordert hatte, auch alsbald folgen lassen wollte, wenn seine Aufforderung Zustimmung fand. Die Aufforderung war dann wegen ihrer unmittelbaren Zusammengehörigkeit mit der Tat nach natürlicher Auffassung geradezu ein Bestandteil von dieser. (III, 22. Februar 1940.)

Amtl. Sammlg. S. 89—90.

Vgl. Bd. 68 S. 336; Bd. 69 S. 327; Bd. 71 S. 383; Bd. 73 S. 76.

31. **Arzt. Heilbehandlung. Gute Sitten.** (StGB. §§ 223, 223 a, 226 a.) Ein Frauenarzt behandelte Frauen, die in seine Behandlung traten, mit Massage von der Scheide aus; er wollte dadurch bei den Frauen geschlechtliche Reizungen bis zum Orgasmus herbeiführen, um auf diese Weise eine Fernwirkung auf erkrankte Teile (Eierstöcke, Gebärmutter) zu erzielen. Die Einwilligung der Frauen hatte er nicht erholt. Die Behandlung hatte in allen Fällen starke Gemütserregung, auch Schmerzempfindung zur Folge. Er behandelte auch schwangere Frauen in dieser Weise; das Landgericht stellte fest, daß dadurch Wehenanregung und Ausstoßung der Frucht bewirkt werden konnte, was auch das Leben der Frauen in Gefahr brachte. Die Verurteilung wegen einfacher und (gegenüber den schwangeren Frauen) gefährlicher Körperverletzung wurde vom Reichsgericht bestätigt. Zu Handlungen, die an sich den Tatbestand einer Körperverletzung darstellen, ist ein Arzt nur dann berechtigt, wenn er (von Ausnahmefällen abgesehen) vorher die Einwilligung des Leidenden oder seines berufenen Vertreters eingeholt hat. Trotz der Einwilligung kann sein Vorgehen strafbar sein, wenn es gegen die guten Sitten verstößt. Das wäre besonders dann der Fall gewesen, wenn die Behandlung zu Unzuchtszwecken vorgenommen worden wäre; hiefür lagen keine Anhaltspunkte vor. Die Handlungen des Angeklagten trugen aber das Merkmal der Sittenwidrigkeit an sich, selbst wenn von keiner Seite mit ihnen die Erregung oder Befriedigung der Sinnlichkeit angestrebt wurde. Eine an sich sittenwidrige Handlung kann allerdings dieser Eigenschaft entkleidet sein, wenn sie von einem Arzt oder einem Heilkundigen zu dem Zweck der Untersuchung oder Heilung vorgenommen wird; Voraussetzung hiefür ist aber, daß ihre Vornahme unabweisbar ist. Das traf hier nicht zu; der Angeklagte konnte selbst nicht behaupten, daß er sein Vorgehen für notwendig gehalten habe. Es ist auch nicht richtig, daß ein zu Heilzwecken geschehener Eingriff begrifflich weder als Mißhandlung noch als Gesundheitsschädigung angesehen werden könne, sofern er nur den anerkannten Regeln der ärztlichen Kunst entspreche. Dieser Auffassung, die für den Arzt ein selbständiges Berufsrecht

in Anspruch nähme, ist das Reichsgericht schon früher entgegengetreten. Aber selbst wenn man dem Arzt ein solches Recht zuerkennen wollte, müßte es vor den Anforderungen des Sittengesetzes Halt machen. (I, 23. Februar 1940.)

Amtl. Sammlg. S. 91—96.

Vgl. Bd. 25 S. 375; Bd. 61 S. 393; JW. 1928 S. 2229.

32. **Devisenrecht. Einziehung.** (DevVO. 1932 § 36.) Gelangt in einem Verfahren wegen Devisenvergehen das Gericht zu der Überzeugung, daß ein strafbarer Verstoß gegen die Vorschriften des Devisenrechts vorliegt, daß jedoch der Angeklagte nicht schuldig ist und darum nicht verurteilt werden kann, so können die Werte, auf die sich die strafbare Handlung bezieht, oder ein entsprechender Geldbetrag ohne Rücksicht auf die Eigentumsverhältnisse zugunsten des Reiches eingezogen werden. (Erst die neuere Devisengesetzgebung hat die Ersatzeinziehung auf Täter und Teilnehmer beschränkt. DevG. 1938, § 75.) Voraussetzung für die selbständige Anordnung der Einziehung ist lediglich, daß das Gericht in der Lage ist, eine strafbare Devisenzuwiderhandlung festzustellen, die ein anderer mit den Wertpapieren vorgenommen hat, und zwar auch nach der inneren Tatseite. Die bisherige Rechtsprechung hat allerdings den Übergang vom Verfahren gegen eine bestimmte Person zum selbständigen Einziehungsverfahren für unzulässig erachtet. Im Bereiche des Devisenrechts ist aber die Einziehung auch neben einem freisprechenden Urteil verfahrensrechtlich unbedenklich zulässig, da sie auch möglich ist, ohne daß eine bestimmte Person verurteilt werden kann. Dabei macht es keinen Unterschied, ob die Einziehung Nebenstrafe oder Sicherungsmaßnahme ist. Die Vorschriften, welche die Anordnung der Einziehung im Beschlußverfahren zulassen, sind nicht zwingend. Im vorliegenden Falle mußte die Entscheidung schon deshalb durch Urteil ausgesprochen werden, weil der Angeklagte als Einziehungsbeteiligter in Frage kam; der späteren Einleitung eines neuen, auf Einziehung gerichteten selbständigen Verfahrens gegen ihn würde der Grundsatz des Verbrauchs der Strafklage entgegenstehen. (IV, 23. Februar 1940.)

Amtl. Sammlg. S. 96—98.

Vgl. Bd. 34 S. 388; Bd. 44 S. 315; Bd. 52 S. 283; Bd. 53 S. 79; Bd. 54 S. 11; Bd. 66 S. 419; Bd. 67

S. 375; Bd. 69 S. 385; Bd. 71 S. 269; Bd. 72 S. 240; JW. 1936 S. 3192.

33. Volksschädling. Versuch. Gesetzeseinheit. (VolksSchädlVO. §§ 2, 4.) Ein Schuhmacher, der zufolge der Beschlagnahme des Leders nicht mehr genug davon zur Verfügung hatte, um seine Kunden zu bedienen, suchte die Frau eines Handwerkskameraden, der zum Heer einberufen war, zum Verkauf von Leder durch die unwahren Angaben zu bestimmen, er sei mit ihrem Manne im gleichen Truppenteil in Polen beisammen gewesen; dieser habe sich damit einverstanden erklärt, daß sie ihm das Leder verkaufe. Er wurde wegen versuchten Betrugs nach der Verordnung gegen Volksschädlinge zu einer Zuchthausstrafe verurteilt. Seine Revision hatte keinen Erfolg. Die Täuschungshandlung und der Versuch einen Irrtum zu erregen, lagen auf der Hand. Der Erwerb des Leders hätte für den Angeklagten, auch wenn er dafür einen angemessenen Preis bezahlte, schon darum einen Vorteil bedeutet, weil er sich auf diese Weise Ware unter Umgehung der gesetzlichen Regelung verschafft hätte. Bei einem ordnungsmäßigen Bezuge hätte er Mühe, vielleicht auch Kosten aufwenden und damit rechnen müssen, daß ihm, wenn das Leder nicht ausreichte, Austauschwerkstoffe zugeteilt worden wären. Die Rechtswidrigkeit des Vorteils ergab sich schon aus dem gesetzwidrigen Verfahren; der Vertrag wäre auch nichtig gewesen. Für seinen Handwerkskameraden wäre ein Nachteil darin zu finden gewesen, daß er beim Abschluß des Kaufvertrags das gegenüber dem Kaufpreis wertvollere Leder aus der Hand gegeben und eine leere Werkstatt vorgefunden hätte, wenn er demnächst, was auch wirklich geschah, in Urlaub kam. Der Angeklagte hatte den Betrugsversuch unter Ausnutzung der durch den Krieg verursachten außergewöhnlichen Verhältnisse (Abwesenheit des Mannes im Felde, Vertretung durch die Frau) begangen. Das gesunde Volksempfinden verlangte die Bestrafung des Angeklagten nach der Verordnung gegen Volksschädlinge. Nach dieser Verordnung ist der Versuch ebenso schwer zu strafen wie die vollendete Tat; der Umstand, daß es bei dem Versuch geblieben ist, kann nur innerhalb des für die vollendete Tat aufgestellten Strafrahmens berücksichtigt werden. § 4 VO. stellt keine Strafzumessungsregel dar, sondern bildet einen besonderen Tatbestand, der den Tatbestand einer nach einem anderen Gesetz strafbaren sonstigen Straftat mit umfaßt. Er steht zu dieser Straftat im Verhältnis der Gesetzeseinheit. Die Urteilsformel ist dahin zu fassen, daß der Angeklagte der sonstigen Straftat (hier des versuchten Betrugs) in Verbindung mit dem § 4 der Verordnung gegen Volksschädlinge schuldig sei. (II, 26. Februar 1940.)

Amtl. Sammlg. S. 98—102.

Vgl. Bd. 63 S. 391; Bd. 64 S. 130; Bd. 65 S. 273; Bd. 68 S. 364; Bd. 70 S. 151; Bd. 71 S. 15; JW. 1936 S. 513.

34. **Steuerhinterziehung. Anzeige. Selbstanzeiger.** (RAbgO. § 410.) Ein Beamter der Steuerfahndungsstelle nahm in einem Bankhaus eine Nachprüfung vor und stellte dabei fest, daß ein Kunde des Bankhauses an zwei bestimmten Tagen in den Jahren 1937 und 1938 Zinsscheine am Schalter eingelöst hatte. Er machte hievon der Fahndungsstelle Mitteilung; diese gab die Mitteilung am 25. Mai 1938 an das zuständige Finanzamt weiter. Dort ging sie erst am 14. Juni 1938 ein. Inzwischen hatte der Kunde selbst gegen sich beim Finanzamt Anzeige erstattet. Das Landgericht sprach ihn mit Rücksicht hierauf von der Anklage der Steuerhinterziehung frei. Das Reichsgericht verwies die Sache zurück. Dem Fahndungsbeamten oblag nur der Bericht über seine Ermittlungen, nicht aber deren steuerrechtliche Würdigung und die Entscheidung darüber, ob eine Anzeige zu erstatten sei. Seine Mitteilung an die Fahndungsstelle war also nicht als Anzeige zu erachten. Dagegen hätte geprüft werden müssen, ob nicht in der Weitergabe der Mitteilung an das Finanzamt eine solche Anzeige zu finden war. Die Anzeige im Sinne des § 410 RAbgO. bezweckt die Herbeiführung eines Strafverfahrens; es gehört dazu also eine Behauptung, mittels deren die Einleitung einer strafrechtlichen Untersuchung erreicht werden soll. Dagegen gehört nicht dazu, daß zur Zeit ihrer Erstattung das Vorliegen einer strafbaren Handlung feststeht. Sie kann vielmehr auch auf Grund eines Verdachtes erstattet werden. Das Landgericht hätte also auf den Inhalt und Zweck des Schreibens der Fahndungsstelle näher eingehen müssen. Wenn daraus zu entnehmen war, daß die

Fahndungsstelle dem Verdacht einer strafbaren Handlung Ausdruck geben wollte, war darin eine Anzeige zu erblicken. Wann diese Anzeige an das Finanzamt gelangte, war ohne Belang. Die Anzeige kann bei jeder Steuerbehörde angebracht werden, also auch bei der Fahndungsstelle; der Erstattung einer Anzeige bei der Fahndungsstelle ist es aber gleich zu achten, wenn diese sich auf Grund des Berichtes eines ihrer Beamten dazu entschließt, selbst eine Anzeige an das Finanzamt zu senden, damit dieses prüfe, ob wegen Steuerzuwiderhandlung eine Untersuchung einzuleiten ist. (II, 29. Februar 1940.)

Amtl. Sammlg. S. 102—105.

Vgl. Bd. 57 S. 132; JW. 1936 S. 516.

35. **Beamter. Staatsgut.** (StGB. § 359.) Der Buchhalter eines Staatsgutes wurde gemäß der Tariforduung für Forst- und Gutsbeamte angestellt. In einem gegen ihn durchgeführten Strafverfahren wurde er als Beamter behandelt. Das führte zur Zurückverweisung der Sache. Im Urteil fehlte eine Darlegung, wer den Angeklagten angestellt und ihm neben den Schreibarbeiten der Gutsverwaltung die Buch-, Rechnungs- und Kassenführung des Gutes übertragen hatte. Wer nicht Beamter im staatsrechtlichen Sinne ist, erlangt die Eigenschaft eines Beamten im strafrechtlichen Sinne dadurch, daß er von einer nach den reichs- und landesrechtlichen Vorschriften zuständigen Stelle durch einen öffentlich-rechtlichen Akt zu Dienstverrichtungen berufen wird, die aus der Staatsgewalt abgeleitet sind und staatlichen Zwecken dienen. Hiebei sind die öffentlich-rechtliche Zuständigkeit der Stelle, welche die Anstellung vornimmt, und der öffentlich-rechtliche Charakter der Anstellung ebenso wichtig wie die besondere Eigenart der übertragenen Dienstgeschäfte. Es war also festzustellen, wer nach den in Betracht kommenden Vorschriften zur Anstellung unmittelbar zuständig war, und ob er diese Zuständigkeit erlaubterweise auf einen anderen (etwa den Gutsverwalter) übertragen hatte. Von Bedeutung konnte auch sein, daß die Rechnungskammer den Angeklagten als Kassenleiter des Gutes behandelt hatte. Die öffentlich-rechtliche Anstellung bedarf bei den Beamten im Sinne des Strafrechts, die nicht staatsrechtlich Beamte sind, keiner besonderen Form, wenn nicht eine solche nach dem jeweils anzuwendenden öffentlichem Recht

vorgeschrieben ist. Nähere Feststellungen über den Hergang der Anstellung wären nicht erforderlich gewesen, wenn der Angeklagte schon nach der Art der Dienstgeschäfte kein Beamter im strafrechtlichen Sinne gewesen wäre. So lag aber die Sache nicht. Selbst wenn der Wirtschaftsbetrieb des Staatsgutes äußerlich nicht von der Bewirtschaftung eines gewöhnlichen großen Gutes verschieden war, mußte doch nach nationalsozialistischer Auffassung ein entscheidender grundsätzlicher Unterschied darin gefunden werden, daß das Staatsgut Volksvermögen ist. Nutzen und Schaden der Wirtschaft anderer Güter hat in der Hauptsache der einzelne Inhaber selbst; Nutzen und Schaden des Staatsgutes, das ein Bestandteil des Vermögens der Gesamtheit ist, die Gesamtheit. Es läßt sich keine strenge Scheidung durchführen zwischen dem Vermögen des Staates, das der Erfüllung seiner hoheitlichen Aufgaben dient, und dem staatlichen Vermögen, das Erträgnisse abwerfen soll; das gesamte Staatsvermögen bildet eine Einheit. Die frühere Unterscheidung zwischen Verwaltungsvermögen und Finanzvermögen hat ihre Bedeutung weitgehend verloren. Für den inneren Tatbestand genügt es, daß der Täter eines Amtsverbrechens oder Amtsvergehens die tatsächlichen Umstände kennt, aus denen sich seine Beamteneigenschaft ergibt. Unerheblich ist es, ob er sich selbst für einen Beamten gehalten hat. (I, 1. März 1940.) Amtl. Sammlg. S. 105—109.

Vgl. Bd. 60 S. 139; Bd. 67 S. 299.

36. **Amtsverschwiegenheit. Geheimnis.** (StGB. § 353 b; DBeamtG. § 8.) Der Bürostellenleiter eines Prüfungsamtes eignete sich Ersatzstücke von Klausuraufgaben, die er im amtlichen Gewahrsam hatte, rechtswidrig zu und händigte sie Prüflingen, welche die Aufgaben zu bearbeiten hatten, gegen eine Vergütung vorzeitig aus. Er wurde wegen Amtsunterschlagung und Diebstahl, je in Tateinheit mit Gewahrsamsbruch, Bruch der Amtsverschwiegenheit und schwerer Bestechlichkeit verurteilt. Seine Revision hatte keinen Erfolg. Von dem Urteil des Reichsgerichts sind nur die Teile veröffentlicht, die sich auf den Bruch des Amtsgeheimnisses beziehen. Der Tatbestand liegt vor, wenn ein Beamter unbefugt ein Geheimnis offenbart, das ihm bei Ausübung des Amtes anvertraut oder zugänglich geworden ist, und dadurch wichtige öffent-

liche Belange gefährdet. Zum inneren Tatbestand gehört Vorsatz oder doch bedingter Vorsatz; für die Gefährdung genügt Fahrlässigkeit. Für den Begriff des Geheimnisses ist vor allem das Beamtengesetz maßgebend. Danach hat der Beamte über die ihm bei der amtlichen Tätigkeit bekannt gewordenen Angelegenheiten, deren Geheimhaltung durch Gesetz oder dienstliche Anordnung vorgeschrieben oder ihrer Natur nach erforderlich ist, Verschwiegenheit gegen jedermann zu bewahren. Weitere Merkmale des Geheimnisbegriffes hat die Rechtsprechung aufgestellt. Geheim sind danach Angelegenheiten, deren Kenntnis nicht über einen geschlossenen Kreis von Personen hinausgeht. Die Zahl der Mitwisser braucht nicht bestimmbar zu sein; sie müssen aber innerhalb des beteiligten Kreises stehen. Auch ein weitergehendes Bekanntsein schließt noch nicht aus, daß ein Geheimnis vorliegt, wenn die Angelegenheit daneben an anderen Stellen noch unbekannt ist. Bekanntsein ist nur der Zustand wirklich sicherer und zuverlässiger Kenntnis. Was noch der Bestätigung bedarf, ist noch geheim. Der Begriff des Geheimnisses ist also verhältnismäßig. Die Geheimhaltungspflicht kann auf besonderer Anordnung beruhen; sie kann sich auch aus der Natur des geheim zu haltenden Vorganges ergehen. Ihren Grund hat sie darin, daß die Offenbarung des Geheimnisses wichtige öffentliche Belange gefährden würde. Die Tat darf nur mit Zustimmung der vorgesetzten Behörde verfolgt werden. Liegt diese Zustimmung vor, so ist davon auszugehen, daß sich nach der Beurteilung dieser Behörde das Geheimnis auf wichtige öffentliche Belange bezieht. Die Klausurarbeiten, um die es sich handelte, waren vor den Prüflingen geheim zu halten; das ergab sich sowohl aus der Natur der Sache als aus besonderen Maßnahmen, die zu ihrer Geheimhaltung getroffen waren. Das Geheimnis war dem Angeklagten als Bürostellenleiter bei Ausübung seines Amtes zugänglich geworden, da für ihn auf Grund des Amtsverhältnisses und des ihm geschenkten Vertrauens die Möglichkeit bestand, an das Geheimnis heranzukommen. Nicht zum Begriffe gehörte, daß er die geschäftsordnungsmäßige Befugnis hatte, sich die Kenntnis von dem Inhalt des Geheimnisses zu verschaffen. Das Geheimnis war ihm auch dann zugänglich, wenn er sich die Kenntnis unter

Bruch seiner Dienstpflichten und des Vertrauens, also auf unrechtmäßige Weise, verschaffte. Daß er das Geheimnis unbefugt geoffenbart hatte, bedurfte keiner näheren Begründung. Keinem Bedenken unterlag auch, daß das Landgericht zwischen Amtsunterschlagung oder Diebstahl, je in Tateinheit mit Gewahrsamsbruch, auf der einen Seite und dem Bruche der Amtsverschwiegenheit Tatmehrheit angenommen hatte. Den Bruch der Amtsverschwiegenheit, dessen tatbestandsmäßiger Schwerpunkt in der Offenbarung eines Geheimnisses liegt, hatte der Angeklagte in einer selbständigen Handlung durch die Hingabe der Aufgabenabdrucke an die Prüflinge begangen, nachdem die Unterschlagung oder der Diebstahl an ihnen schon vollendet war. Zum Begriffe der Tateinheit gehört, daß die Willensbetätigungen, durch welche die Tatbestände der verschiedenen Taten hergestellt werden, wenigstens zu einem Teile dergestalt zusammenfallen, daß mindestens ein Teil der einheitlichen Handlung zur Herstellung des Tatbestandes sowohl der einen wie der anderen Tat mitwirkt. Das war hier nicht der Fall. (II, 4. März 1940.) Amtl. Sammlg. S. 110—113.
Vgl. Bd. 25 S. 45; Bd. 32 S. 265; Bd. 33 S. 354; Bd. 38 S. 108; Bd. 61 S. 334; Bd. 62 S. 65; Bd. 66 S. 359.

37. **Führerflucht. Nötigung. Angriff auf Leib oder Leben. Volksschädling. Gesetzesauslegung.** (StGB. § 240; KraftFahrzG. § 22; VolksSchädlVO. §§ 2, 4.) Ein Kraftwagenführer suchte nach einem Zusammenstoß während der Verdunkelung sich der Feststellung durch die Flucht zu entziehen. Zwei Männer, die ihn daran hindern wollten, zwang er, ihr Vorhaben aufzugeben, indem er rücksichtslos auf sie zufuhr und sie zu überfahren drohte. Seine Verurteilung wegen Führerflucht und Nötigung in Tateinheit miteinander und zugleich wegen eines Verstoßes gegen die §§ 2, 4 der Verordnung gegen Volksschädlinge wurde bestätigt. Zum Tatbestande des § 2 gehört ein Verbrechen oder Vergehen gegen Leib, Leben oder Eigentum. Die Nötigung richtet sich allerdings nur gegen die Willensfreiheit. Bei Auslegung der Verordnung gegen Volksschädlinge dürfen aber nicht rein theoretische Bewertungen und Erwägungen den Ausschlag geben; es sind vielmehr die Kriegsverhältnisse, der Geist

und die Ziele ihrer Gesetzgebung zu berücksichtigen. Dann können aber auch verbrecherische Anschläge gegen die Willensfreiheit Angriff auf Leib oder Leben sein. (II, 4. März 1940.) Amtl. Sammlg. S. 113—114.

38. **Geldhortung. Strafbemessung. Nichtigkeitsbeschwerde.** (KrWirtschVO. § 1; StrafAnpG. § 5; ÜberlVO. § 20; ÖstStPO. § 281.) Ein alter Mann pflegte in einem Schließfach eine größere Summe Geldes zu verwahren und tat das auch nach Erlaß der kriegswirtschaftlichen Verordnung. Er wurde zu einer Zuchthausstrafe verurteilt. Seine als Berufung bezeichnete Nichtigkeitsbeschwerde hatte hinsichtlich des Strafausmaßes Erfolg. Das Verhalten des Angeklagten wäre nur dann nicht strafbar gewesen, wenn er das Geld aus aus einem wirtschaftlich gerechtfertigten Grunde zurückgehalten hätte. Einen solchen Grund konnte er nicht angeben. Zum Tatbestande gehört kein über das Wissen und Wollen des Zurückhaltens des Geldes hinausgehender Vorsatz, insbesondere nicht, daß der Täter durch sein Verhalten wirtschaftliche Belange des deutschen Volkes böswillig, also im Bewußtsein der Verwerflichkeit seines Vorgehens, gefährdet. Mit dem Hinweis darauf, daß er von der Vorschrift keine Kenntnis gehabt habe, konnte sich der Angeklagte nicht entschuldigen. Dagegen war seine Beschwerde insoweit begründet, als darin die Verhängung von Zuchthausstrafe bekämpft wurde. Daß er sie als Berufung bezeichnet hatte, konnte ihm nicht zum Nachteil gereichen. Vor dem Erlaß der Überleitungsverordnung vom 28. Februar 1939 konnte ein auf der Annahme oder Nichtannahme eines nicht namentlich im Gesetz angeführten Erschwerungsumstandes beruhender Strafausspruch nach § 283 ÖstStPO. mit Berufung angefochten werden. Die Überleitungsverordnung hat die Berufung gegen Urteile der Landgerichte mit Ausnahme der Urteile der Einzelrichter im vereinfachten Verfahren beseitigt. Dafür hat § 20 ÜberlVO. einen neuen Nichtigkeitsgrund eingeführt, der dann vorliegt, wenn das Gericht das außerordentliche Milderungs- oder Strafumwandlungsrecht zu Unrecht angewandt oder nicht angewandt hat. Nach § 7 StrafAnpVO. findet diese Vorschrift auf die in der Ostmark geltenden reichsrechtlichen Vorschriften

keine Anwendung. Die im Reichsrecht häufigen Fälle, daß ein Abgehen vom ordentlichen Strafrahmen in besonders leichten oder besonders schweren Fällen zugelassen ist, sind in der Überleitungsverordnung unberücksichtigt geblieben. Hier hat die Rechtsprechung eine Lücke auszufüllen, die ihren Grund in den Verschiedenheiten des reichsrechtlichen und des noch geltenden österreichischen Strafenaufbaues hat. Bei Ausfüllung dieser Lücke wird davon auszugehen sein, daß jeder vernünftige Grund für die Annahme fehlt, der Gesetzgeber habe durch Unterlassung einer Bestimmung über die Anfechtbarkeit des Strafausspruches wegen rechtsirriger Annahme eines besonders schweren Falles oder mildernder Umstände bestimmen wollen, in solchen Fällen solle eine Überprüfung des Strafausspruches durch das Reichsgericht ausgeschlossen sein. Dem Grundgedanken des Gesetzes entspricht es vielmehr, im Falle der Bemessung der Strafe nach einer in der Ostmark geltenden Strafvorschrift des Reichsrechts dann die Nichtigkeitsbeschwerde zuzulassen, wenn das Gericht infolge eines Rechtsirrtums mildernde Umstände oder einen besonders leichten Fall angenommen oder nicht angenommen und infolgedessen den zulässigen Strafrahmen angewandt oder nicht angewandt hat. Was für die Anfechtbarkeit der Zubilligung mildernder Umstände gilt, muß selbstverständlich auch für die Anfechtbarkeit der Annahme eines besonders schweren Falles gelten. Hier wie dort handelt es sich nicht um eine reine Ermessensfrage, sondern zum Teil auch um eine Rechtsfrage, deren richtige Lösung im Revisionsverfahren überprüfbar ist. Zu Lasten des Angeklagten hatte nur die Höhe des zurückgehaltenen Betrages gesprochen; dagegen hatte das Landgericht zu wenig berücksichtigt, daß der Angeklagte unbescholten, gut beleumundet und im wesentlichen geständig war, auch seine schon vor Jahren aus Furcht vor Verlust in einem Schließfache hinterlegten Ersparnisse weder in bewußtem Zuwiderhandeln gegen das neue Gesetz noch in der Absicht, die deutsche Volkswirtschaft zu schädigen, zurückbehalten hatte. Der Rechtsirrtum, der in der Nichtberücksichtigung dieser Umstände lag, hatte das Landgericht veranlaßt, die Strafe nicht innerhalb des nur Gefängnis vorsehenden ordentlichen Strafrahmens, sondern innerhalb des nur in besonders schweren Fällen anzuwendenden Strafrahmens mit Zuchthaus zu bemessen. (VI, 12. März 1940.)

Amtl. Sammlg. S. 114—121.

39. **Rechtsmittel. Berufung. Einspruch.** (ÖstStPO. §§ 427, 466, 491; überlVO. § 17.) Durch ein Urteil des Einzelrichters an einem österreichischen Landgerichte, das im vereinfachten Verfahren in Abwesenheit des Angeklagten erging, wurde dieser zu einer Kerkerstrafe verurteilt. Er legte gegen das Urteil innerhalb einer Woche nach der Zustellung Einspruch und Berufung ein. Das Oberlandesgericht wies den Einspruch als verspätet, die Berufung als unzulässig zurück. Die vom Staatsanwalt eingelegte Nichtigkeitsbeschwerde hatte keinen Erfolg. § 17 überlVO. bestimmt, daß im vereinfachten Verfahren vor dem Einzelrichter beim Landgericht die für die Berufung gegen Urteile des Amtsgerichts geltenden Vorschriften sinngemäß anzuwenden sind. Dadurch sollte das an die Stelle des österreichischen Obersten Gerichtshofes tretende Reichsgericht entlastet und die Nichtigkeitsbeschwerde gegen Urteile des Einzelrichters am Landgericht im vereinfachten Verfahren durch die Berufung an das Oberlandesgericht ersetzt werden. Mit der Frage, welche anderen Rechtsbehelfe gegen solche Urteile offenstehen, befaßt sich die Überleitungsverordnung nicht. Demgemäß bleiben die Vorschriften der österreichischen Strafprozeßordnung über den Einspruch gegen solche Urteile in Kraft. (§§ 427, 466 ÖstStPO.). Hienach hat der Angeklagte sowohl den Einspruch als die Berufung gegen das in seiner Abwesenheit gefällte Urteil binnen drei Tagen nach der Zustellung anzumelden. Sowohl über den Einspruch als über die Berufung hat das Oberlandesgericht zu entscheiden. (VI, 15. März 1940.)

Amtl. Sammlg. S. 121—125.

40. **Notar. Eidesstattliche Versicherung. Entsprechende Anwendung.** (StGB. §§ 2, 156.) Vor einem preußischen Notar fand im Februar 1937 eine Verhandlung statt über eine Nachlaßregelung zum Zwecke der Auseinandersetzung zwischen der Alleinerbin und den Pflichtteilsberechtigten. Hiebei erklärte die Alleinerbin an Eides Statt, daß ihr weitere Nachlaßwerte als die in einem vorgelegten Verzeichnis aufgeführten nicht bekannt seien. Ihre Verurteilung wegen falscher Versicherung an Eides Statt wurde

vom Reichsgericht nicht bestätigt. Zu der Zeit der Verhandlung war die Reichsnotarordnung vom 13. Februar 1937 noch nicht in Kraft getreten; der Fall war also nach dem damaligen preußischen Recht zu beurteilen. Darnach war der preußische Notar als eine zur Abnahme von eidesstattlichen Versicherungen zuständige Behörde nur anzusehen, soweit ihm die Abnahme solcher Versicherungen übertragen war oder er die Versicherung für das Gericht als dessen Organ abnahm. Im vorliegenden Falle blieb unklar, ob die Versicherung in einem amtlichen Verfahren abgegeben wurde, oder ob es sich um eine rein private Auseinandersetzung der Beteiligten gehandelt hatte. Wenn der Notar die vor ihm abgegebene Versicherung nur beurkundet hatte, lag der Fall der Abgabe einer eidesstattlichen Versicherung überhaupt nicht vor; diese hat den Zweck, vor einer Behörde Beweis zu führen. Nach dem Urteil handelte es sich überhaupt nicht um eine Auseinandersetzung zwischen Erben, da die Pflichtteilsberechtigten nicht als Erben in Betracht kamen. Ein Beweis über den Bestand des Nachlasses war in einem solchen Verfahren nicht zu führen, denn der Notar hatte keine Entscheidungsbefugnis darüber, ob der Beweis, der durch die eidesstattliche Versicherung gegenüber den Pflichtteilsberechtigten erbracht werden sollte, als erbracht anzusehen war. Auch für eine entsprechende Anwendung der Vorschrift war kein Platz. (II, 4. April 1940.)

Amtl. Sammlg. S. 125—128.

Vgl. Bd. 17 S. 185, 341; Bd. 18 S. 246, 255; Bd. 20 S. 220; Bd. 47 S. 156; Bd. 59 S. 175; Bd. 67 S. 108; Bd. 69 S. 20; Bd. 70 S. 266; Bd. 71 S. 172; Bd. 73 S. 144; RGZ. Bd. 118 S. 234; JW 1924 S. 971.

41. **Betrug. Darlehen. Vermögensbeschädigung.** (StGB. § 263.) Ein Darlehen wurde durch die Verpfändung von Hypotheken sichergestellt. Bei der Versteigerung des Grundstücks fielen die Hypotheken aus; das Darlehen wurde nicht zurückgezahlt. Der Schuldner wurde wegen Betrug verurteilt. Seine Revision hatte keinen Erfolg. Sie war damit begründet, daß die Hypotheken zur Zeit der Hingabe des Darlehens sicher gewesen seien, daß jedenfalls der Schuldner sie für sicher gehalten habe. Für die Frage, ob durch eine Verfügung das Vermögen des Verfügenden geschädigt worden ist, kommt es allerdings auf

den Zeitpunkt der Verfügung an. Die spätere Entwicklung der Verhältnisse kann dem Gericht zwar einen Anhalt für die Beurteilung des inneren Tatbestandes des Betruges geben, entbindet es aber nicht von der Prüfung, welche Ansprüche dem Getäuschten überhaupt zugestanden haben und ob diese Ansprüche schon im Augenblick der Vermögensverfügung minderwertig oder doch erheblich gefährdet und infolgedessen in ihrem Werte stark herabgesetzt gewesen sind. Bei der Gewährung eines Darlehens sind die durch die Darlehenshingabe begründeten Gegenforderungen mit dem Gegenstande des Darlehens zu vergleichen. Sind die Gegenforderungen mit dem Gegenstande des Darlehens nicht ohne weiteres als gleichwertig anzusehen, so muß geprüft werden, ob die gewährten Sicherheiten sie für den Zeitpunkt des Vertragsschlusses dem hingegebenen Darlehensbetrage gleichwertig machen. Minderwertige Gegenforderungen werden dem Gegenstande des Darlehens regelmäßig nur durch solche Sicherheiten gleichwertig, die es dem Darlehensgeber ermöglichen, bei Fälligkeit seiner Ansprüche ohne besondere Schwierigkeiten und Aufwendungen alsbald zu seinem Gelde zu kommen. Sicherheiten, bei denen der Darlehensgeber, um sein Geld zu erhalten, einen Rechtsstreit führen oder erhebliche Kosten aufwenden muß, sind in der Regel auch dann nicht als vollwertig anzusehen, wenn die Befriedigung der Forderungen aus ihnen schließlich zu erwarten steht. Auch wenn bei der Zwangsversteigerung des Grundstücks aus den verpfändeten Hypotheken eine Befriedigung des Gläubigers erzielt worden wäre, würde es sich, wenn diese zur Zeit der Darlehensgabe minderwertig waren, nur um eine nachträgliche Gutmachung des eingetretenen Schadens gehandelt haben. Dem Zusammenhange der Urteilsgründe war zu entnehmen, daß der Angeklagte sich der Minderwertigkeit der Hypotheken bewußt war; wenn er glaubte, daß der Gläubiger bei einer Zwangsversteigerung schließlich doch befriedigt werden könne, schloß das seine Schuld nicht aus. (II, 18. März 1940.)

Amtl. Sammlg. S. 129—132.

Vgl. Bd. 16 S. 1, 11, 77; Bd. 38 S. 266; Bd. 39 S. 184, 420; Bd. 44 S. 28; Bd. 66 S. 56.

42. **Branntweinmonopol Einziehung. Werterſatz. Gesetzesänderung.** (StGB. § 2a; BranntwMonG. 1939

§§ 122, 123, 128, 132; RAbgO. §§ 399, 401.) Wegen Hinterziehung von Branntweinaufschlag, begangen in den Jahren 1934 bis Oktober 1938 wurde auf Gefängnisstrafe, Geldstrafe und Werterſatzstrafe (hilfsweise auf eine weitere Ersatzgefängnisstrafe) und Einziehung der beschlagnahmten Branntweinmengen mit ihren Umschließungen sowie der Einrichtung der Brennerei erkannt; gleichzeitig wurde die öffentliche Bekanntmachung der Verurteilung angeordnet. In der Begründung führte das Landgericht aus, daß die Werterſatzstrafe und die Anordnung der Bekanntmachung des Urteils auf Grund der alten Fassung des Branntweinmonopolgesetzes ausgesprochen worden sei. Das Reichsgericht erklärte es für unzulässig, im Falle der Änderung eines Strafgesetzes teils das alte, teils das neue Gesetz auf dieselbe Tat gleichzeitig nebeneinander anzuwenden; im Ergebnis bestätigte es aber das Urteil. In der neuen Fassung des Branntweinmonopolgesetzes ist die Werterſatzleistung nicht mehr erwähnt. Trotzdem ist auch nach dieser Fassung die Einziehung gegenüber dem Täter eines Monopolvergehens keine bloße Sicherungsmaßnahme zur Wahrung des Monopols, sondern eine Nebenstrafe. Das ergibt sich schon daraus, daß die Vorschriften über die Einziehung sich in dem Abschnitt des Gesetzes über Strafrecht und Strafverfahren befinden. Das Gesetz regelt die Strafen für Monopolvergehen nicht erschöpfend; neben seinen Vorschriften finden auch jene der Reichsabgabenordnung Anwendung. In dieser (§ 401) ist die Werterſatzleistung als Strafe vorgesehen. Entsprechend ist auch die Zulässigkeit einer öffentlichen Bekanntmachung des Urteils nicht durch die neue Fassung des Gesetzes ausgeschlossen worden; vielmehr ist sie gemäß § 399 RAbgO. wie für das Steuerrecht so auch für das Monopolrecht zulässig. (I, 19. März 1940.) Amtl. Sammlg. S. 132—137. Vgl. Bd. 58 S. 238; Bd. 60 S. 244; Bd. 61 S. 76; Bd. 62 S. 49; Bd. 65 S. 81, 283; JW. 1936 S. 3201.

43. **Verdunkelung. Volksschädling. Versuch.** (VolksSchädlVO. § 2.) Während der Dunkelheit wurde ein Einbruchsdiebstahl versucht. Die Verurteilung wegen Verbrechen gegen das Volksschädlingsgesetz in Verbindung mit versuchtem schweren Diebstahl wurde bestätigt. Vor-

aussetzung war, daß der Täter in bewußter Ausnutzung der Dunkelheit gehandelt hatte. Dafür ist nicht nötig, daß die Tat ohne Verdunkelung nicht ausgeführt worden wäre; wohl aber, daß die Ausführung durch die Verdunkelung irgendwie erleichtert worden ist. Zur inneren Tatseite gehört, daß sich der Täter zu der Tat im Bewußtsein entschlossen hat, daß die Ausführung durch die Verdunkelung begünstigt wird. Auch versuchte Verbrechen stellen, wenn sie in bewußter Ausnutzung der Verdunkelung begangen worden sind, vollendete Verbrechen dar, ein Ergebnis, das vor allem für die mit unbedingter Todesstrafe bedrohten besonders schweren Fälle von Wichtigkeit ist. (IV, 19. März 1940.) Amtl. Sammlg. S. 137—139.

Vgl. Bd. 74 S. 62.

44. Revision gegen ein Berufungsurteil. Volksschädling. Hinweis auf die Änderung des rechtlichen Gesichtspunktes. (VolksSchädlVO. § 2; GVG. § 24; StPO. §§ 265, 328.) Gegen das Urteil des Amtsgerichts, durch das der Angeklagte wegen Vergehen gegen § 175 StGB. verurteilt worden war, legte der Staatsanwalt Berufung ein mit der Bgründung, daß der Angeklagte wegen Verbrechen gegen § 2 VolksSchädlVO. hätte verurteilt werden müssen. Das Landgericht trat dieser Auffassung bei. Die Revision des Angeklagten hatte keinen Erfolg. Sie war zulässig, obwohl nach § 16 VereinfVO. vom 1. September 1940 gegen Urteile der Landgerichte in der Berufungsinstanz kein Rechtsmittel stattfindet. Im vorliegenden Falle hatte das Landgericht nicht als Berufungsgericht, sondern als Gericht des ersten Rechtszugs entschieden, da das Amtsgericht für die Entscheidung nicht zuständig gewesen war. Vor dem Landgericht hatte eine vollständig neue Verhandlung stattgefunden, ohne daß es zuvor eines Verweisungsbeschlusses bedurfte. Diese Verhandlung mußte allen Erfordernissen einer Verhandlung des ersten Rechtszugs entsprechen. Ein besonderer Hinweis darauf, daß das Landgericht nunmehr als Gericht des ersten Rechtszugs entscheide, ist nicht vorgeschrieben. Es war auch ein Hinweis auf die Möglichkeit einer Verurteilung gemäß der Volksschädlingsverordnung unterblieben. Auf diesem Mangel beruhte aber das Urteil nicht, da ja schon durch die Berufung des Staatsanwalts der Angeklagte auf diese Möglichkeit hingewiesen worden war. (IV, 2. April 1940.)

Amtl. Sammlg. S. 139—141.
Vgl. Bd. 6 S. 309; Bd. 22 S. 113; JW. 1890 S. 399; 1935 S. 2055.

45. **Devisenrecht. Kommanditgesellschaft. Nebenbeteiligte.** (DevG. 1935 §§ 9, 42 Nr. 3, 7; § 46; DevG. 1938 §§ 14, 69, 76, 83; StPO. § 260.) Eine Kommanditgesellschaft, bestehend aus C. als persönlich haftendem Gesellschafter, S. und M. als Kommanditisten, wurde am 21. November 1935 mit Wirkung vom 1. November 1935 aufgelöst; der Auflösungsbeschluß wurde am 5. Dezember 1935 in das Handelsregister eingetragen. C. übernahm die Firma als Alleininhaber; die Kommanditisten beließen ihm die bisherigen Anteile als stille Gesellschafter. Am 26. November 1935 ließ er gemeinschaftlich mit S. und M. durch einen Anwalt bei der zuständigen Devisenstelle für die Kommanditgesellschaft um die Genehmigung nachsuchen, ein von der Firma C. und S. in Amsterdam geführtes Geschäft als Zweiggeschäft zu übernehmen und zur Deckung der Unkosten ein Darlehen von 20000 Gulden in Holland aufzunehmen. Die Genehmigung wurde erteilt. C. wurde wegen Erschleichung der Genehmigung gemäß § 42 Nr. 7 DevG. 1935 durch unrichtige, zum mindesten unvollständige Angaben verurteilt. Er hatte sich damit verteidigt, daß er angenommen habe, der Beschluß der Auflösung der Kommanditgesellschaft werde erst mit der Eintragung in das Handelsregister wirksam. Auch wenn der Angeklagte dieser Meinung war, hätte er bei Stellung des Antrags darauf hinweisen müssen, daß die Auflösung der Kommanditgesellschaft beschlossen worden sei und daß er das Geschäft vertraglich als Alleininhaber übernommen habe. Im Urteil des Landgerichts war festgestellt, daß die Devisenstelle bei Kenntnis der wahren Sachlage die Genehmigung nicht erteilt hätte; darauf kam es aber nicht entscheidend an. Dagegen ließ sich die Verurteilung des Angeklagten wegen fortgesetzten Vergehens gegen § 42 Nr. 3 DevG. nicht aufrechterhalten. Das Landgericht hatte angenommen, der Angeklagte habe seit Übernahme des Amsterdamer Geschäfts den Willen gehabt, auf jede nur mögliche Weise auch ohne devisenrechtliche Genehmigung Devisenforderungen im

Auslande zu belassen; diesen Vorsatz habe er dadurch verwirklicht, daß er dem Amsterdamer Zweiggeschäft einen zu hohen Preisnachlaß gewährt und das inländische Geschäft mit Kosten belastet habe, die eigentlich zu Lasten des Amsterdamer Geschäfts hätten gehen müssen. Für die Prüfung dieser Frage war es nötig, den Inhalt der Genehmigung näher festzustellen. Wenn diese der Kommanditgesellschaft erteilt worden war, fragte es sich, ob und aus welchem Grunde der Angeklagte sich für berechtigt hatte halten können, die Genehmigung für sich persönlich in Anspruch zu nehmen. War er hierzu nicht befugt, so hatte er seine sämtlichen devisenrechtlichen Handlungen in Holland unerlaubterweise vorgenommen, da sie durch die der Kommanditgesellschaft erteilte Genehmigung nicht gedeckt waren. In Tateinheit mit der Vornahme der ungenehmigten Geschäfte stand dann auch die Verletzung der Anbietungspflicht. S. und M. waren als Nebenbeteiligte zur Hauptverhandlung vorgeladen worden; in dieser erklärte der Staatsanwalt mit Genehmigung des Vertreters der Devisenstelle, daß keine Haftbarmachung der Nebenbeteiligten beantragt werde. Sie legten gegen das Urteil, das einen Ausspruch über ihre Haftbarkeit nicht enthielt, Revision ein mit der Begründung, daß das Verfahren gegen sie hätte eingestellt werden müssen. Diese Auffassung ging fehl. Nebenbeteiligte haben allerdings selbständig die Rechte der Angeklagten; sie können unabhängig vom Angeklagten, auch gegen seinen Willen und im Widerspruch mit seinen Erklärungen, sich aller Rechtsbehelfe bedienen, die dem Angeklagten zustehen. Bei ihrer Haftung handelt es sich aber nicht um eine ihnen zur Last fallende Straftat, sondern um ihre Verpflichtung, für die Straftat des Angeklagten einzustehen. Gegen sie war also kein Strafverfahren anhängig, das hätte eingestellt werden können. (III, 4. April 1940.)

Amtl. Sammlg. S. 141—147.

Vgl. Bd. 72 S. 184; Bd. 73 S. 129, 397; Bd. 74 S. 51.

46. **Beweisantrag. Aufklärungspflicht.** (StPO. §§ 244, 245; VereinfVO. §§ 24, 25.) Das Landgericht hatte eine Reihe von Beweisanträgen abgelehnt. Die hierauf gestützte Revision gab dem Reichsgericht Anlaß, ausführlich zu der Frage Stellung zu nehmen, wie das Recht der freien Beweiswürdigung durch die Vereinfachungs-

verordnung vom 1. September 1939 gestaltet worden ist. Die Vorschrift des § 244 StPO., welche die richterliche Aufklärungspflicht festlegt, ist durch die §§ 24, 25 VereinfVO. nicht beseitigt worden. Es gelten also nach wie vor die Grundsätze, die dazu durch die Rechtsprechung entwickelt worden sind. Die gesetzliche Aufklärungspflicht des Tatrichters besteht unabhängig von förmlichen Beweisanträgen oder auch nur Anregungen der Beteiligten. Die §§ 24, 25 VereinfVO. befassen sich nur mit der Frage, unter welchen Voraussetzungen der Tatrichter von einer weiteren Aufklärung des Sachverhalts durch Erhebung noch weiterer Beweise absehen darf. Kommt er nach pflichtmäßiger Prüfung zu der Überzeugung, daß eine Benutzung der an sich noch zur Verfügung stehenden Beweismittel keine weitere Klärung der Sache verspricht, daß sie insbesondere auch für die Beurteilung des schon vorliegenden Beweisergebnisses nicht mehr erforderlich ist, so liegt in der Nichtbenutzung der weiteren Beweismittel kein Verstoß gegen § 244 StPO. Aus der gesetzlichen Aufklärungspflicht des Tatrichters kann sich allerdings ergeben, daß zwar die Ablehnung eines bestimmten Beweisantrags gerechtfertigt sein mag, daß er aber zugleich von Amts wegen prüfen muß, ob eine andere Aufklärungsmöglichkeit besteht, von der ein Erfolg zu erwarten ist. Das gilt namentlich, wenn ein angebotenes Beweismittel als unerreichbar oder ungeeignet angesehen wird, jedoch ein erreichbares oder geeignetes anderes Beweismittel zur Verfügung steht und das dem Tatrichter erkennbar ist. Die Nichtbenutzung eines solchen Beweismittels kann einen Verstoß gegen § 244 StPO. darstellen. Im Gegensatz zu der früheren Regelung bedeutet es keinen Verfahrensverstoß, wenn der Richter nach freiem Ermessen das Ergebnis einer von den Beteiligten beantragten Beweiserhebung vorwegnimmt. Das freie Ermessen bedeutet aber nichts anderes als pflichtgemäßes Ermessen. An diese Schranke ist der Tatrichter gebunden; er darf nicht nach Willkür entscheiden. Insoweit ist eine Nachprüfung in der Revisionsinstanz nicht ausgeschlossen. Hält der Richter die Feststellung einer Tatsache an sich für erforderlich, lehnt er aber gleichwohl eine hiezu beantragte Beweiserhebung ab, weil das Beweismittel völlig ungeeignet oder unerreichbar sei, so kann eine Verfahrensrüge mit der Begründung erhoben werden, der Richter habe rechtlich darüber geirrt, was völlig ungeeignet oder unerreichbar bedeute. Dabei wird jedoch unter Umständen das Revisionsgericht nachzuprüfen haben, ob etwa der Tatrichter zugleich der Meinung gewesen ist, der Erhebung der Beweise bedürfe es für die Erforschung der Wahrheit nicht mehr; in diesem Falle würde die Vorschrift des § 24 VereinfVO. durchgreifen. Lehnt der Tatrichter die Beweiserhebung mit der Begründung ab, der Beweissatz werde als wahr unterstellt, so bleiben insoweit die in der Rechtsprechung aufgestellten Grundsätze maßgebend. Es kann also gerügt werden, daß die zugesagte Unterstellung nicht oder nicht vollständig eingehalten worden ist oder daß die Zusage nicht den ganzen Inhalt oder nicht den richtigen Sinn des Beweissatzes erfasse. Wenn der Tatrichter eine beantragte Beweiserhebung mit der Begründung ablehnt, der Beweissatz sei für die Entscheidung ohne Bedeutung, kommt es darauf an, was er darunter verstanden hat. Hat er angenommen, der begehrten Feststellung bedürfe es nicht, weil sie für die sachlichrechtliche Würdigung des Sachverhaltes nicht nötig sei, so ist zu prüfen, ob das bei sachlich richtiger Würdigung zutrifft. Soweit das zu verneinen ist, greift § 24 VereinfVO. nicht ein; eine Rüge kann darauf gestützt werden, daß der Tatrichter rechtlich geirrt habe. Dagegen kann § 24 VereinfVO. in Betracht kommen, wenn es sich darum handelt, ob eine einzelne im Beweisantrag enthaltene Beweistatsache für die Bildung der richterlichen Überzeugung hinsichtlich einer sachlichrechtlich bedeutsamen Feststellung wesentlich sein kann; in solchen Fällen kann die Wendung „ohne Bedeutung", „unerheblich", „unbehelflich" u. ä. gleichbedeutend damit sein, daß die Beweiserhebung zur Erforschung der Wahrheit nicht mehr erforderlich sei. Die Begründung des Beschlusses, durch den ein Beweisantrag abgelehnt wird, muß so vollständig sein, daß erkennbar wird, von welchen rechtlichen oder tatsächlichen Gesichtspunkten sich das Gericht bei der Ablehnung hat leiten lassen. Der Angeklagte und der Verteidiger sollen das schon in der Verhandlung erkennen können, und dem Revisionsgerichte muß die Möglichkeit gegeben sein, auf eine Rüge hin nachzuprüfen, ob die Ablehnung des Beweisantrags rechtlich einwandfrei ist. Zur Auslegung

des Beschlusses können Ausführungen, die sich im Urteil finden, herangezogen werden; darüber hinaus kann aber eine fehlende oder fehlerhafte Begründung des Beschlusses nicht durch Ausführungen des Urteils nachgeholt werden. Solchen Ausführungen kann aber bei der Prüfung der weiteren Frage Bedeutung zukommen, ob das Urteil auf einem an sich vorliegenden Verfahrensmangel beruht. Dabei kann sich unter Umständen ergeben, daß in Wahrheit die Voraussetzungen des § 24 VereinfVO. gegeben waren und das Gericht somit befugt gewesen wäre, den Beweisantrag nach dieser Vorschrift abzulehnen; in solchen Fällen ist die Verfahrensrüge wirkungslos. (I, 17. November 1939.) Amtl. Sammlg. S. 147—153.
Vgl. Bd. 71 S. 336; JW. 1938 S. 174.

47. **Beweisantrag. Aufklärungspflicht. Alibibeweis.** (StPO. §§ 244, 245; VereinfVO. §§ 24, 25.) Durch § 24 der Vereinfachungsverordnung vom 1. September 1939 ist die Vorschrift des § 245 StPO., wonach in Verhandlungen vor dem Amtsrichter, dem Schöffengericht und dem Landgericht in der Berufungsinstanz ein Beweisantrag abgelehnt werden kann, wenn das Gericht nach seinem freien Ermessen die Erhebung des Beweises zur Erforschung der Wahrheit nicht für erforderlich hält, auf alle Gerichte ausgedehnt worden. Voraussetzung bleibt aber immer, daß das Gericht die im § 244 StPO. begründete Pflicht, die Wahrheit zu erforschen, nicht verletzt. Bei der Ablehnung eines Beweisantrags wegen Versuchs der Verschleppung sind im Beschluß alle Umstände anzugeben, denen das Gericht seine Überzeugung entnimmt, der Antragsteller handle in Verschleppungsabsicht. Bei der Ablehnung eines Antrags auf Erhebung eines Alibibeweises muß der Tatrichter mit besonderer Sorgfalt prüfen, ob er auch ohne diese Beweiserhebung Feststellungen treffen kann, die zur Bejahung der Schuldfrage ausreichen. Dabei darf er nicht übersehen, daß er zwar auch hier das Beweisergebnis vorwegnehmen darf, sich aber notwendig mit der Frage auseinandersetzen muß, wie die Sachlage zu beurteilen wäre, wenn durch die Beweiserhebung bestätigt würde, daß der Angeklagte zur Zeit der Tat nicht am Tatorte gewesen sein konnte. Kann der Tatrichter die Beweiserhebung nicht wegen der Unglaubwürdigkeit des Zeugen oder aus anderen Gründen als für

die Wahrheitserforschung belanglos bezeichnen, so muß er den Beweis erheben, wenn er nicht seine Aufklärungspflicht verletzen will. Zur Begründung genügt es, wenn gesagt wird, die Beweiserhebung sei zur Erforschung der Wahrheit nicht erforderlich; doch ist gegenüber einer solchen Begründung die Rüge zulässig, daß das Gericht seiner Aufklärungspflicht nicht genügt habe. Ob eine solche Rüge gerechtfertigt ist, kann in der Regel nur auf Grund der Urteilsausführungen entschieden werden. Es wird sich also nicht immer umgehen lassen, daß im Urteil ausgeführt wird, warum der Tatrichter die Beweiserhebung zur Erforschung der Wahrheit nicht für erforderlich gehalten hat. (II, 1. April 1940.)

Amtl. Sammlg. S. 153—155.
Vgl. Bd. 20 S. 206; Bd. 65 S. 304; JW. 1932 S. 2732; 1939 S. 627.

48. **Kraftfahrzeugverkehr. Vorfahrtsrecht. Warnungszeichen. Hoheitsträger.** (StrVerkO. §§ 12, 13, 48.) Ein Polizeikraftfahrer hatte den Auftrag, den Waffenmeister der Polizei in einem Dienstkraftfahrzeug an einen Ort zu bringen, an dem eine Granate aufgefunden worden war. Er fuhr durch eine Straße, die für den Durchgangsverkehr gesperrt war. In der Kreuzung dieser Straße mit einer anderen, viel befahrenen Straße stieß er mit einem anderen Fahrzeug zusammen. Das Landgericht hatte die Frage, ob ihm ein Vorfahrtsrecht zustand, mit der Begründung verneint, daß die Straße, durch die er fuhr, ein Privatweg sei. Damit stand im Widerspruch, daß sie verkehrspolizeilich gesperrt war; wäre sie kein öffentlicher Weg gewesen, so hätte die Verkehrspolizei die Regelung des Verkehrs auf ihr nicht übernehmen können. Daß der Grund und Boden der Straße im Privateigentum stand, hatte für die Frage der Öffentlichkeit des Weges keine entscheidende Bedeutung; auch das Verbot des Durchgangsverkehrs nahm ihr die Eigenschaft eines öffentlichen Verkehrsweges nicht. Das Vorfahrtsrecht ist seit dem 1. Januar 1938 für alle Straßenkreuzungen und Straßeneinmündungen durch § 13 StrVerkO. geregelt. Es bestimmt sich in erster Linie nach Farbzeichen oder nach Weisungen und Zeichen, die im Einzelfalle von einem Verkehrspolizeibeamten gegeben werden, in zweiter Linie nach den amtlichen Verkehrszeichen, in letzter Linie

nach dem Grundsatz, daß die Vorfahrt hat, wer von rechts kommt. Diese Regelung gilt (abgesehen von den Sonderrechten für Hoheitsträger) ausnahmslos; ob auf der einen Straße ein stärkerer Verkehr stattfindet als auf der anderen, ist ohne Belang. Durch die in der Straßenverkehrsordnung getroffene Regelung soll auch für den ortsfremden Verkehrsteilnehmer zweifelsfrei erkennbar gemacht werden, wer das Vorfahrtsrecht hat. Da der Angeklagte von rechts kam, stand ihm das Vorfahrtsrecht zu; es machte nichts aus, daß er aus einer für den Durchgangsverkehr gesperrten und demgemäß sehr verkehrsarmen Straße kam. Ob der Angeklagte ein Sondervorfahrtsrecht in Anspruch nehmen konnte, war dem Urteil nicht mit Sicherheit zu entnehmen. Möglicherweise bestand an dem Orte, an den er den Waffenmeister bringen sollte, eine Gefahrenlage, die ein möglichst rasches Eingreifen verlangte, oder die Polizei mußte nach den ihr vorliegenden Mitteilungen mit einer solchen Gefahrenlage rechnen. Dann war der Angeklagte gemäß § 48 StrVerkO. von den Vorschriften der Straßenverkehrsordnung einschließlich des § 13 überhaupt befreit; er hatte nur die allgemeine Pflicht, Leib und Leben, Hab und Gut anderer sorgfältig zu schonen. Das Landgericht hatte ihm zum Vorwurf gemacht, daß er vor der Annäherung der Straßenkreuzung kein Warnzeichen gegeben hatte. Auch nach dieser Richtung war das Urteil nicht einwandfrei begründet. Die Verpflichtung zur Abgabe eines Warnzeichens setzt voraus, daß andere Verkehrsteilnehmer auf der Straße sind und daß sie der Fahrzeugführer bei pflichtmäßiger Aufmerksamkeit im Gefahrenbereiche wahrnimmt. Es ist weder geboten noch auch nur zulässig, vor jeder unübersichtlichen Straßenecke nur deshalb ein Warnzeichen zu geben, weil in einer kreuzenden oder einmündenden Straße, in die der Fahrer keinen Einblick hat, vielleicht Verkehrsteilnehmer vorhanden sein könnten, denen das Nahen des eigenen Fahrzeugs anzukündigen vielleicht wünschenswert wäre. Wenn der Angeklagte die Fahrt zur Erledigung einer hoheitlichen Aufgabe der Polizei ausführte, war er auch von der Einhaltung dieser Vorschriften befreit; er hätte also trotz des allgemeinen Verbotes ein Warnzeichen geben dürfen, wenn die Erfüllung der polizeilichen Aufgabe es erfordert hätte, die

Fahrt besonders zu beschleunigen und den Gefahren der besonderen Schleunigkeit durch Warnzeichen zu begegnen. In diesem Falle konnte je nach den Umständen auch angenommen werden, daß der Angeklagte verpflichtet war, ein Warnzeichen für Verkehrsteilnehmer zu geben, die er noch nicht sehen konnte. (I, 5. April 1940.)

Amtl. Sammlg. S. 155—161.

49. **Devisenrecht. Beihilfe.** (DevG. 1938 §§ 16, 69 Nr. 4; ÖstStG. § 5.) Ein großer Posten Reichsmark sollte von Wien nach Zürich gebracht und dort R. übergeben werden. Ein Angestellter der Schlafwagengesellschaft brachte das Paket nach Basel und hinterlegte es dort in der Bahnhofswechselstube; den Hinterlegungsschein überbrachte er dem Absender. In dessen Auftrag fuhr E. nach Basel, löste das Paket aus und brachte es nach Zürich zu R. Er wurde wegen Beihilfe zu einem Vergehen (nach österreichischem Recht: zu einem Verbrechen) gegen das Devisengesetz verurteilt. Seine Nichtigkeitsbeschwerde hatte keinen Erfolg. Sie war damit begründet, daß zur Zeit seines Eingreifens das Geld schon in die Schweiz verbracht gewesen sei. Die Rechtslage war aber mit der im Falle verbotener Einfuhr zu vergleichen. Diese ist nach ständiger Rechtsprechung des Reichsgerichts mit dem Zeitpunkte der Grenzüberschreitung zwar vollendet, aber nicht beendet; ihr Begriff umfaßt noch alle weiteren Handlungen, die, der Überschreitung der Grenze zeitlich nachfolgend, dazu dienen sollen, das eingeschmuggelte Gut in Sicherheit zu bringen und es endgültig der Verzollung zu entziehen. Demnach ist eine Mittäterschaft oder Beihilfe am Bannbruch oder der Zollhinterziehung möglich, die erst nach der Verbringung der Ware über die Grenze einsetzt. Im vorliegenden Falle kam es darauf an, das über die Grenze gebrachte Paket R. zu übermitteln; erst damit fand das Unternehmen sein in Aussicht genommenes Ende. Zur sicheren Beendigung des Unternehmens hatte E. beigetragen. (VI, 15. März 1940.)

Amtl. Sammlg. S. 161—164.

Vgl. Bd. 48 S. 104; Bd. 49 S. 208; Bd. 69 S. 193.

50. **Unzucht.** (ÖstStG. § 129.) Ein Mann veranlaßte einen Burschen, an seinem (des Mannes) Geschlechtsteil zu spielen und tat selbst das gleiche an dem Geschlechtsteil des Burschen. Ohne Rechtsirrtum wurde hierin ein

Verbrechen gegen § 129 ÖstStG. gefunden. Der Begriff der Unzucht ist in dieser Vorschrift nicht näher bestimmt. Bei richtiger Auslegung kann es aber keinem Zweifel unterliegen, daß dieses Tatbestandsmerkmal nicht nur beischlafähnliche Handlungen, sondern jeden der Sinneslust dienenden Mißbrauch des Körpers einer anderen Person desselben Geschlechts in sich schließt. Darunter fallen selbst solche Handlungen, bei denen eine Berührung der Geschlechtsteile des einen Beteiligten mit dem Körper des anderen nicht stattfindet, bei denen aber unter Überschreitung der Grenzen der Sittlichkeit und des Anstandes das allgemeine Schamgefühl verletzt wird. (III, 8. April 1940.) Amtl. Sammlg. S. 164—166.

51. **Volksschädling. Strafantrag.** (VolksSchädlVO. § 4.) Eine Frau, deren Mann im Felde stand, wurde von einem schlecht beleumundeten Manne dadurch beleidigt, daß dieser in einem Briefe ihr zumutete, mit ihm geschlechtlich zu verkehren. Sie stellte Strafantrag. Die Verurteilung des Mannes wegen eines Verbrechens gegen die Volksschädlingsverordnung in Verbindung mit Beleidigung wurde bestätigt. Die Straftat war unter Ausnutzung der durch den Kriegszustand verursachten außergewöhnlichen Verhältnisse begangen; daß sie nur auf Antrag zu verfolgen war, stand der Anwendung der Volksschädlingsverordnung nicht entgegen. Wie die Tat beim Fehlen eines Strafantrags zu beurteilen gewesen wäre, brauchte nicht entschieden zu werden. (III, 8. April 1940.) Amtl. Sammlg. S. 166—167.

52. **Prozeßbetrug. Strafantrag.** (StGB. § 263.) Zugunsten unehelicher Kinder wurde eine Forderung ihres Vaters gegen seinen Bruder gepfändet. Dieser verweigerte die Zahlung mit der unwahren Behauptung, die Forderung sei schon getilgt. In dem Rechtsstreit, der daraufhin entstand, bestätigte der Vater der Kläger als Zeuge die Behauptung seines Bruders. Er wurde wegen Meineid in Tateinheit mit Prozeßbetrug verurteilt. Auf seine Revision wurde die Verurteilung wegen Betrug beseitigt. Da der Betrug zum Nachteil der Kinder des Angeklagten verübt war, hätte es für die Verurteilung eines Strafantrags bedurft. Der Auffassung des Staatsanwalts, daß bei einem Betrug sowohl der Geschädigte als der Getäuschte als verletzt anzusehen seien, trat das Reichs-

gericht nicht bei. Wie schon die Fassung des § 263 StGB. ergibt, ist er eine Strafbestimmung, die dem Schutze des Vermögens dient. Die Täuschung ist nur das Mittel, mit dem der Täter gegen das geschützte Rechtsgut, das Vermögen eines anderen, vorgeht; nicht aber soll damit eine weitere Richtung des Schutzes bezeichnet werden. Die neuere Gesetzgebung ist zwar bestrebt, auf allen Rechtsgebieten der Wahrheit zum Siege zu verhelfen; sie hat aber bisher kein Strafgesetz erlassen, das unmittelbar dem Schutze des Rechts auf Wahrheit diente. Die Tatsache, daß durch das Verhalten des Angeklagten das Gericht getäuscht und die Kläger geschädigt worden waren, machte die Stellung eines Strafantrags seitens der Kläger nicht unnötig. Anders liegt die Sache beim Diebstahl. Gewahrsam und Eigentum sind beim strafbaren Tatbestand des Diebstahls in gleicher Weise geschützt; darum sind sowohl der Gewahrsamsinhaber wie der Eigentümer als verletzt anzusehen, wenn sie verschiedene Personen sind. (I, 9. April 1940.) Amtl. Sammlg. S. 167—171.
Vgl. Bd. 4 S. 246; Bd. 50 S. 46.

53. **Schwere Amtsunterschlagung. Unrichtige Buchführung. Untreue. Sparkassenbuch. Tateinheit.** (StGB. §§ 266, 267, 268, 348, 350, 351, 352.) Die Leiterin einer Zweigstelle einer Kreissparkasse behielt 200 *RM*, die sie als Spareinlage erhalten hatte, für sich. Im Sparbuch des Einlegers bestätigte sie die Einzahlung ordnungsgemäß; dagegen unterließ sie es, den Einzahlungszettel, der an die Hauptkasse einzusenden gewesen wäre, auszufertigen und abzusenden, verbuchte auch den Betrag nicht im Tagebuch ihrer Stelle. Einige Monate später wurde sie wegen anderer Unregelmäßigkeiten entlassen. Kurz vor ihrem Ausscheiden legte sie 200 *RM* in die Kasse, verbuchte den Betrag als an diesem Tag bezahlt im Tagebuch und schickte den Einzahlungszettel, auf dem sie die Unterschrift des Einzahlers gefälscht hatte, an die Sparkasse; zugleich ließ sie sich vom Einzahler sein Sparbuch geben, änderte dort den Tag der Einzahlung und ersetzte dem Einzahler den Zwischenzins aus eigener Tasche. Sie wurde wegen schwerer Amtsunterschlagung, Urkundenfälschung im Amte und einfacher Urkundenfälschung verurteilt. Das Reichsgericht änderte das Urteil dahin ab, daß die Tat als Untreue in Tateinheit mit Amtsunterschlagung, Urkunden-

fälschung im Amte und einfacher Urkundenfälschung bezeichnet wurde. Die Gründe des Urteils sind nur insoweit veröffentlicht, als es sich um die Fälschung eines Sparkassenbuches handelte. Diese war als Urkundenfälschung im Amte (§ 348 StGB.) anzusehen, nicht aber zugleich als ein Verbrechen gegen § 351 StGB. Die Angeklagte hatte das Sparbuch nicht als Beleg zu ihrer Rechnung vorgelegt; auch stellte das Sparbuch kein Buch oder Register dar, das zur Eintragung oder Kontrolle der Einnahmen und Ausgaben bestimmt war. Daß es geeignet war, ein Beweismittel für diesen Zweck abzugeben, genügte nicht zur Erfüllung des Tatbestandes. Ein Sparkassenbuch ist ein Legitimationspapier und beurkundet den Bestand der Forderung gegen die Sparkasse; es befindet sich in der Regel im Besitz des Forderungsberechtigten und ist daher schon äußerlich dem Gebrauche der Sparkasse entzogen. Die Fälschung des Einzahlungszettels stellte eine einfache Urkundenfälschung dar (§ 267 StGB.); der Gebrauch des gefälschten Zettels bildete eine Teilhandlung der schweren Amtsunterschlagung (§ 351 StGB.). Die beiden Urkundenfälschungen waren in so engem zeitlichen und räumlichen Zusammenhange verübt worden und gehörten auch sachlich so eng zusammen, daß sie nach natürlicher Auffassung eine natürliche Einheit bildeten (§ 73 StGB.). Das hatte zur Folge, daß die sämtlichen Straftaten der Angeklagten rechtlich als durch dieselbe Handlung begangen anzusehen waren. Da die Angeklagte die zur Verdeckung der Unterschlagung bestimmten Fälschungen nicht begangen hatte, um sich oder einem anderen einen Vermögensvorteil zu verschaffen oder einem anderen Schaden zuzufügen, sondern nur, um den strafrechtlichen Folgen ihrer Unterschlagung zu entgehen, kamen die §§ 268, 349 StGB. nicht zur Anwendung. (III, 11. April 1940.)

Amtl. Sammlg. S. 171—174.

Vgl. Bd. 43 S. 207; Bd. 45 S. 293; Bd. 73 S. 148.

54. **Eidesstattliche Versicherung. Notar.** (StGB. §§ 156, 163; BGB. § 2356; RNotO. § 24.) Vor einem preußischen Notar wurde in einer Nachlaßsache ein Antrag auf Erteilung eines Erbscheins gestellt und durch eine falsche Versicherung an Eides Statt bekräftigt. Die Verurteilung wegen falscher Versicherung an Eides Statt

wurde bestätigt. Schon vor dem Inkrafttreten der Reichsnotarordnung vom 13. Februar 1939 war der preußische Notar im Falle der Erbeslegitimation neben dem Nachlaßgericht als zur Abnahme eidesstattlicher Versicherungen zuständige Behörde angesehen worden. Durch die Reichsnotarordnung ist hierin keine Änderung eingetreten. Nach ihr sind die preußischen Notare allerdings wie bisher keine Behörde. § 24 NotO. regelt nur die Zuständigkeit zur Beurkundung eidesstattlicher Versicherungen, nicht aber die Frage, wieweit der Notar zur Abnahme von solchen Versicherungen zuständig ist. Nach § 2356 BGB. kann aber eine eidesstattliche Versicherung zum Zwecke der Erwirkung eines Erbscheines sowohl vor dem Gerichte als einem Notar abgegeben werden; demnach ist der Notar zur Abnahme solcher Versicherungen zuständig. Mit der Abgabe der falschen Versicherung vor dem Notar war die Straftat vollendet, aber nicht beendet. Sie wurde dadurch fortgesetzt, daß der Notar die falsche Versicherung entsprechend dem Willen des Angeklagten dem Nachlaßgerichte zuleitete; gerade diesem gegenüber war ja der Beweis über die Eigenschaft als Erbe zu führen. Es lag also der Tatbestand eines fortgesetzten Betrugsversuches vor, der mit der Abgabe der falschen Versicherung an Eides Statt in Tateinheit stand. Daß nicht die Urschrift der eidesstattlichen Versicherung, sondern deren notarielle Ausfertigung dem Nachlaßgerichte vorgelegt wurde, war ohne Bedeutung. (II, 15. April 1940.)

Amtl. Sammlg. S. 175—177.

Vgl. Bd. 17 S. 341; Bd. 18 S. 246; Bd. 47 S. 156; Bd. 58 S. 13; Bd. 59 S. 175; Bd. 67 S. 408; Bd. 70 S. 130, 266; Bd. 71 S. 193; Bd. 73 S. 144; JW. 1924 S. 971; 1934 S. 837.

55. **Vorstrafe. Straftilgung.** (StrTilgG. § 4). Auch die im Strafregister getilgten Vorstrafen bleiben dem Strafrichter für eine pflichtmäßige Verwertung in späteren gerichtlichen Urteilen zugänglich. Auf die Berücksichtigung solcher Ereignisse im Vorleben des Angeklagten kann die Strafrechtspflege um so weniger verzichten, als gerade nach der neueren strafrechtlichen Entwicklung der größte Wert darauf gelegt wird, bei der Beurteilung einer

Straftat die Persönlichkeit des Täters richtig zu erkennen.
(I, 16. April 1940.) Amtl. Smmlg. S. 177—178.
Vgl. Bd. 60 S. 285; Bd. 69 S. 11.

56. **Begünstigung im Amte. Gesetzeseinheit.** (StGB. §§ 257, 346.) Der Bürgermeister einer Landgemeinde stellte fest, daß die Kasse Fehlbeträge aufweise. Er kündigte darauf dem Kassenverwalter, stellte ihm aber ein Zeugnis aus, daß er seine Arbeiten zur Zufriedenheit erledigt habe. Durch den Nachfolger des Kassenverwalters wurde festgestellt, daß dieser Unterschlagungen und Urkundenfälschungen begangen habe. Der Bürgermeister, der mit ihm in freundschaftlichen Beziehungen stand, berichtete über die Vorkommnisse weder seiner vorgesetzten Behörde noch machte er Anzeige, stellte vielmehr Geld, das er selbst geborgt hatte, zur teilweisen Deckung des Fehlbetrages zur Verfügung und veranlaßte, daß die Schadenersatzleistungen nicht als solche, sondern als bei den einzelnen Posten ordnungsmäßig eingegangen, verbucht wurden. Er wurde wegen Begünstigung im Amte in Tateinheit mit einfacher Begünstigung (§§ 346, 257, 73 StGB.) verurteilt. Das Reichsgericht brachte die Verurteilung wegen einfacher Begünstigung in Wegfall, verwarf aber im übrigen die Revision des Angeklagten. Der Dienstvorgesetzte ist, auch wenn er gleichzeitig Polizeiorgan ist, nicht ohne weiteres verpflichtet, Straftaten eines ihm unterstellten Beamten oder Angestellten der Strafverfolgungsbehörde anzuzeigen. Er braucht nicht jede Kenntnis, die ihm in seinen Verwaltungsgeschäften geworden ist, unter polizeilichen Gesichtspunkten zu behandeln, entscheidet vielmehr nach pflichtmäßigem Ermessen darüber, wie weit er sich in dem einen Amtskreise von dem anderen beeinflussen lassen will. Er kann auch nicht wegen Begünstigung oder wegen Begünstigung im Amte zur Verantwortung gezogen werden, wenn er bei der Abwägung zwischen den Belangen, die eine Unterlassung der Anzeige zweckmäßig erscheinen lassen, und dem staatlichen Interesse an der Bestrafung des Täters fehlgreift; eine Verurteilung ist vielmehr nur dann möglich, wenn sich die Unterlassung der Anzeige als Ermessensmißbrauch darstellt. Die Frage, ob das zutrifft, wird aber stets besonders sorgfältig geprüft werden müssen. Im vorliegenden Falle hatte aber der Angeklagte, obwohl er

als Amtsvorsteher zur Mitwirkung bei einem Strafverfahren berufen war, nicht nur keine Anzeige erstattet und keine Strafverfolgung eingeleitet, sondern auch durch tätiges Handeln die strafbaren Verfehlungen des Kassenverwalters verdeckt und damit ihre Aufklärung erschwert. Als solche Begünstigungshandlung war allerdings die Ausstellung des Zeugnisses nicht anzusehen, weil zu jener Zeit wohl bekannt war, daß die Kasse Fehlbeträge aufwies, nicht aber, daß der Kassenverwalter sich strafbarer Handlungen schuldig gemacht hatte. Dagegen wurde der Tatbestand der Begünstigung zweifelsfrei dadurch erfüllt, daß der Angeklagte den Schadenersatz, den der Kassenverwalter zu leisten hatte, unter unrichtigen Angaben verbuchen ließ. Fehlerhaft war das Urteil insofern, als Tateinheit zwischen Begünstigung im Amte und einfacher Begünstigung angenommen worden war. § 346 StGB. ist gegenüber § 257 StGB. das besondere Gesetz und schließt die Anwendung dieser Vorschrift aus. (II, 18. April 1940.) Amtl. Sammlg. S. 178—181.

Vgl. Bd. 70 S. 251; Bd. 73 S. 265, 294.

57. **Volksschädling. Strafantrag.** (VolksSchädlVO. §§ 2, 4, 7; 2. DurchfVO. § 2.) Unter § 2 VolksSchädlVO. (Taten, die unter Ausnutzung der zur Abwehr von Fliegergefahr getroffenen Maßnahmen begangen werden) fallen nicht Handlungen, die nur auf Antrag des Verletzten zu verfolgen sind (2. DurchfVO. § 2). Für § 4 VO. (Taten, die unter Ausnutzung der durch den Kriegszustand verursachten außergewöhnlichen Verhältnisse begangen werden) gilt das nicht. Der Unterschied ist wegen der grundsätzlichen Verschiedenheit der Vorschriften berechtigt. Die im § 2 VO. bezeichneten Taten sind ohne weiteres mit den vorgesehenen schweren Strafen zu ahnden; im Falle des § 4 VO. ist aber immer noch erforderlich, daß das gesunde Volksempfinden wegen der besonderen Verwerflichkeit der Tat die Überschreitung des regelmäßigen Strafrahmens erfordert. (V, 22. April 1940). Amtl. Sammlg. S. 181—183.

Vgl. Bd. 74 S. 166.

58. **Devisenrecht. Einziehung. Ersatzeinziehung. Wertersatz. Straffreiheit.** (DevG. 1935 § 45, 1938 § 73; VerZollG. § 155; Gnadenerlaß vom 9. September 1939.) Der Gnadenerlaß des Führers vom 9. September 1939

schließt nicht aus, daß in einer unter ihn fallenden Sache auf Einziehung erkannt wird (§ 1 AusfBest.). Dagegen fällt die Ersatzeinziehung unter die Straffreiheit. Die Einziehung und Ersatzeinziehung sind Nebenstrafen. Sie unterscheiden sich aber dadurch, daß die Einziehung mit gewissen Einschränkungen auch zulässig ist, wenn die davon betroffenen Vermögensstücke nicht dem Täter oder einem Teilnehmer an der Tat gehören, die an die Stelle der Einziehung von Werten tretende Einziehung eines entsprechenden Geldbetrags (Ersatzeinziehung) sich aber nur gegen den Täter oder den Teilnehmer richtet. Für den Wertersatz nach Zollrecht ist schon früher ausgesprochen worden, daß auf ihn in den unter den Gnadenerlaß fallenden Sachen nicht erkannt werden darf. Abgesehen davon, daß der Wertersatz an die Stelle einer Hauptstrafe, die Ersatzeinziehung aber an die Stelle einer Nebenstrafe tritt, besteht zwischen den beiden Maßnahmen kein grundlegender Unterschied. Der Umstand, daß für den Wertersatz im Gegensatz zu der Ersatzeinziehung im Fall der Uneinbringlichkeit eine Freiheitsstrafe festzusetzen ist, kann bei der Anwendung eines Straffreiheitsgesetzes keine verschiedene Beurteilung rechtfertigen. (III, 25. April 1940.) Amtl. Sammlg. S. 183—184.
Vgl. Bd. 69 S. 385; Bd. 72 S. 33; JW. 1937 S. 1835.

59. **Fahrlässige Körperverletzung. Strafantrag. Beteiligung. Änderung des rechtlichen Gesichtspunktes.** (StGB. §§ 63, 230; StPO. § 265.) Ein Tischler mietete bei einem Wagenverleihgeschäft einen Lieferwagen, um Möbel zu seinen Kunden zu bringen oder bei diesen abzuholen; auch der Fahrer wurde von dem Verleihgeschäft gestellt. Gemeinsam mit diesem erledigte er mehrere Fahrten; dann kehrten sie in einer Wirtschaft ein und tranken mehrere Gläser Bier und Weinbrand. Als dann der Fahrer allein einen auf dem Wagen befindlichen Schrank zur Tischlerei fahren wollte, stieß er mit einer Radfahrerin zusammen und verletzte diese. Sie stellte gegen ihn Strafantrag. Sowohl er als der Tischler wurden wegen fahrlässiger Körperverletzung verurteilt, der Fahrer auf Grund des § 230 Abs. 2 StGB., der Tischler auf Grund des § 230 Abs. 1 StGB. Die Revision des Tischlers hatte Erfolg. Im Eröffnungsbeschlusse war als das von ihm verletzte Strafgesetz § 230 Abs. 1 und 2 angeführt. Eine

Verurteilung auf Grund des § 230 Abs. 1 hätte nicht ausgesprochen werden dürfen, ohne daß der Angeklagte auf die Veränderung des rechtlichen Gesichtspunktes hingewiesen worden wäre. Dem Eröffnungsbeschluß lag eine von Amts wegen zu verfolgende Straftat zugrunde, die Verurteilung dagegen erfolgte wegen einer nur auf Antrag zu verfolgenden Straftat. Die Verteidigung gegen die Beschuldigung, ein Antragsvergehen begangen zu haben, kann sich wesentlich anders gestalten als die gegen die Anklage, einer von Amts wegen zu verfolgenden Straftat schuldig zu sein; solange ein Angeklagter, der sich wegen einer von Amts wegen zu verfolgenden Tat zu verantworten hat, nicht darauf hingewiesen wird, daß er vielleicht auch auf Grund eines Strafgesetzes verurteilt werden könne, das einen Antrag des Verletzten vorsieht, hat er keinen Anlaß, sich über das Vorhandensein und die Wirksamkeit des Strafantrags zu äußern. Der Hinweis wurde auch nicht dadurch entbehrlich, daß im Eröffnungsbeschlusse neben § 230 Abs. 2 StGB. auch Abs. 1 angeführt war; die Anführung war notwendig, weil Abs. 1 den Tatbestand der fahrlässigen Körperverletzung enthält, während Absatz 2 nur einen erschwerten Fall der fahrlässigen Körperverletzung regelt. Der Umstand, daß Strafantrag nur gegen den Fahrer gestellt worden war, schloß die Verurteilung des Tischlers nicht aus, wenn seine Mitschuld feststand. Der Strafantrag kann nicht geteilt werden; das gerichtliche Verfahren findet gegen alle an der Handlung Beteiligten statt, auch wenn nur gegen einen von ihnen auf Bestrafung angetragen worden ist. Der Begriff der Beteiligung ist nicht eng auszulegen. Beteiligt an einer rechtsverletzenden Handlung sind alle, auf deren Mitwirkung der Erfolg zurückzuführen ist. Die Beteiligung umfaßt namentlich auch Fälle, in denen mehrere ohne Teilnahmevorsatz durch ihr Zusammenwirken den Erfolg herbeigeführt haben; die Strafverfolgung richtet sich gegen jeden, der die Tat strafrechtlich zu vertreten hat. Hätte die Antragstellerin zur Bedingung ihres Strafantrags gemacht, daß die Strafverfolgung nur gegen den Fahrer stattfinde, so wäre der Strafantrag unwirksam gewesen. Die Verurteilung des Tischlers war damit begründet worden, daß er es unterlassen habe, den Fahrer, der durch den Alkoholgenuß betrunken geworden war, von der Fortsetzung der Fahrt abzuhalten. Für die Frage, ob er dazu berechtigt und verpflichtet gewesen wäre, kam es nicht auf den Inhalt der vertraglichen Vereinbarungen an, die er mit dem Verleihgeschäfte getroffen hatte; jeder Volksgenosse hat die Aufgabe, strafbare Handlungen zu verhindern, soweit das in seinen Kräften steht, und für den Angeklagten ergab sich eine solche Pflicht noch besonders deshalb, weil er den ihm zugewiesenen Fahrer angenommen hatte. Die Verpflichtung setzte aber voraus, daß er erkannte oder erkennen mußte, der Fahrer werde wegen des Alkoholgenusses nicht mehr sicher fahren können. Nach dieser Richtung reichten die Feststellungen des Urteils nicht aus. Ebenso war nicht genügend klargestellt, daß der Angeklagte damit rechnen mußte, der Fahrer werde ohne ihn wegfahren, obwohl sie bis dahin die Fahrten gemeinsam gemacht hatten. Die Sache wurde zurückverwiesen. (II, 6. Mai 1940.)

Amtl. Sammlg. S. 185—190.

Vgl. Bd. 5 S. 199; Bd. 7 S. 199; Bd. 20 S. 54; Bd. 33 S. 161; Bd. 38 S. 430; Bd. 49 S. 432; Bd. 62 S. 83; Bd. 64 S. 377.

60. Einstellung. Beschränkung des Rechtsmittels. (Gnadenerlaß vom 9. September 1939.) Wegen Steuerhinterziehung wurde auf Freiheitsstrafen und Geldstrafen erkannt. Die Strafen hielten sich innerhalb der Grenzen, die durch den Gnadenerlaß des Führers vom 9. September 1939 für die Straffreiheit gesetzt waren. Das Landgericht hätte also das Verfahren einstellen müssen. Auf die Revisionen der Angeklagten kam das Reichsgericht zu der Anschauung, daß das Landgericht den Sachverhalt rechtlich nicht ausreichend gewürdigt habe, und daß möglicherweise ein Verschulden der Angeklagten nach strengeren Strafbestimmungen vorliege. Es verwies deshalb die Sache zurück. Die Revisionen waren ohne jede Beschränkung eingelegt; ihre Begründung war aber lediglich darauf gestützt, daß das Landgericht das Verfahren auf Grund des Gnadenerlasses des Führers vom 9. September 1939 hätte einstellen müssen. Damit wollten die Angeklagten offensichtlich das Rechtsmittel auf die Frage der Einstellung beschränken. Das Reichsgericht erklärte das für unzulässig. Allerdings ist es im Fall einer Verurteilung möglich, das Rechtsmittel auf den Strafausspruch zu beschränken und den Schuldspruch unangefochten zu lassen. Indem die Angeklagten die Einstellung des Verfahrens begehrten, gaben sie aber deutlich zu erkennen, daß sie nicht etwa den Schuldspruch rechtskräftig werden lassen wollten. Die teilweise Anfechtung eines Urteils ist nur möglich, soweit es sich um trennbare Teile handelt, insoweit also Gegenstand der Anfechtung ein solcher Teil der Entscheidung ist, der losgelöst und getrennt von den nicht angefochtenen Entscheidungsteilen eine in sich selbständige Prüfung und Beurteilung gestattet. Eine solche Trennung ist nicht möglich im Verhältnis der Voraussetzungen der Einstellung nach dem Gnadenerlaß vom 9. September 1939 zu dem Ausspruch der Einstellung selbst. Das Revisionsgericht hat in jeder Lage des Verfahrens selbständig zu prüfen, ob der Fortführung des Verfahrens Hindernisse entgegenstehen. Wieweit es bei dieser Prüfung durch die tatsächlichen Feststellungen der Untergerichte gebunden ist, kann dahingestellt bleiben. Keinesfalls kann das Revisionsgericht an die rechtlichen Feststellungen des Tatrichters gebunden sein, wenn die Einstellung von der rechtlichen Beurteilung des Sachverhaltes abhängig ist. Das traf hier zu, da der Gnadenerlaß die Straffreiheit von der Höhe der zu erwartenden Strafe abhängig macht. Die Höhe der Strafe, die zu erwarten ist, läßt sich nur dann ermessen, wenn man von einer zutreffenden rechtlichen Beurteilung des Sachverhalts ausgeht. Solange ein Urteil noch nicht in vollem Umfange rechtskräftig ist, hat der Richter, der mit der Sache befaßt wird, die Frage der Einstellung noch zu prüfen. Zu diesem Zwecke war zu untersuchen, ob der festgestellte Sachverhalt strafrechtlich zutreffend gewürdigt war. Der Umfang der Prüfung konnte nicht dadurch eingeengt werden, daß die Angeklagten selbst anregten, an Stelle der festgesetzten Strafen die Einstellung auszusprechen. (I, 24. Mai 1940.)

Amtl. Sammlg. S. 190—192.

Vgl. Bd. 64 S. 183; Bd. 66 S. 172; Bd. 67 S. 53; Bd. 69 S. 318.

61. **Notwendige Verteidigung.** (VO. vom 21. Februar 1940, § 32.) Sieht der Strafrahmen der im Eröffnungsbeschlusse bezeichneten Tat Todesstrafe oder lebenslängliches Zuchthaus neben anderen Strafen vor, so ist die

Verteidigung nur dann notwendig, wenn nach den Umständen des Falles damit zu rechnen ist, daß eine dieser Strafen auch tatsächlich verhängt wird. (IV, 26. April 1940.) Amtl. Sammlg. S. 193—194.

62. **Fahrlässige Körperverletzung. Gleichmäßige Tateinheit.** (StGB. § 230.) Der Schaffner des zweiten Anhängewagens eines Straßenbahnzuges nahm, als sein Wagen abgekoppelt wurde, vorschriftsmäßig das Schlußlicht des Wagens ab und brachte es dem Zugführer; während dieser Zeit fuhr ein nachfolgender Zug auf den unbeleuchteten Anhängewagen auf. Eine Anzahl Fahrgäste wurden verletzt. Die Verurteilung des Schaffners wegen fahrlässiger Körperverletzung wurde vom Reichsgerichte nicht bestätigt. Zu der Zeit, da sich der Unfall ereignete, waren die Vorschriften gegen Fliegergefahr erst kurze Zeit in Geltung; der Angeklagte stand also möglicherweise ungewohnten Verhältnissen gegenüber. Er war auch durch die Vorschriften der Betriebsleitung in eine Zwangslage gebracht worden; es hätte besonders sorgfältig geprüft werden müssen, ob ihm in dieser Lage ein Verschulden zur Last fiel. Dafür, daß die Schlußlampe von dem abgekoppelten Wagen abgenommen und dem Zugführer übergeben werden mußte, war er nicht verantwortlich. Ob er mit Rücksicht auf die dadurch begründete Gefahr sich hätte weigern müssen, die Dienstvorschrift zu befolgen, war nicht einfach zu entscheiden. Ein Fehlgreifen des Angeklagten bei Abwägung der sich widerstreitenden Pflichten wäre ein sein Verschulden ausschließender Tatirrtum gewesen, wenn er sich über die tatsächlichen Verhältnisse hinsichtlich der dem Verkehr drohenden Gefahr geirrt hätte und dieser Irrtum nicht durch Fahrlässigkeit verschuldet gewesen wäre. Das Landgericht hatte ein Verschulden des Angeklagten darin gefunden, daß er nach Entfernung des roten Schlußlichtes den abgekoppelten Wagen nicht in anderer Weise gesichert hatte. Hier kam in Frage, ob er zu einem solchen Vorgehen auf Grund einer besonderen Dienstvorschrift verpflichtet war; wenn eine solche Vorschrift nicht bestand, ob er auf Grund seiner dienstlichen Stellung und unter Berücksichtigung der Tatsache, daß er allein bei dem abgekoppelten Wagen zurückblieb, auch ohne eine solche Vorschrift die Rechtspflicht hatte, mit Rücksicht auf die der Allgemeinheit drohende

Gefahr den Wagen zu sichern. Hiefür war wieder von Bedeutung, daß nicht der Angeklagte, sondern die Betriebsleitung die Gefahrenlage herbeigeführt hatte. Falls eine Verpflichtung des Angeklagten zur Sicherung des Wagens anzunehmen war, hätte erörtert werden müssen, ob er dazu imstande war und die erforderlichen Mittel besaß. Das Landgericht hatte angenommen, daß er seine Schaffnerlampe an Stelle der roten Schlußlampe hätte anbringen müssen. Dabei war nicht beachtet, daß der Angeklagte vielleicht diese Lampe bei der herrschenden Dunkelheit selbst noch zu seiner eigenen Sicherheit nötig hatte oder doch glaubte, sie nötig zu haben; dann war ihm nicht zuzumuten, sie an dem Wagen anzubringen. Im Zusammenhang damit ergab sich weiter die Frage, ob die Schaffnerlampe überhaupt geeignet war, das Schlußlicht des Wagens zu ersetzen. Auch die Frage der Vorhersehbarkeit des Unfalls war nicht genügend geklärt. Es genügte nicht, daß der Täter den von ihm verursachten Erfolg bei Anwendung der nötigen Sorgfalt hätte voraussehen können und vermeiden müssen, sondern es kam vor allem darauf an, inwiefern er nach der besonderen Sachlage und nach seinen persönlichen Verhältnissen und Fähigkeiten imstande war, eine solche Sorgfalt anzuwenden. Endlich ließ das Urteil auch eine Feststellung nach der Richtung vermissen, ob die Unterlassung des Angeklagten für den Unfall ursächlich gewesen war. Das Landgericht hätte feststellen müssen, daß der Zusammenstoß vermieden oder in seinen Wirkungen erheblich abgeschwächt worden wäre, wenn der Angeklagte den abgehängten Wagen durch seine Schaffnerlampe kenntlich gemacht hätte. Dabei kam es darauf an, ob der Führer des nachfolgenden Zuges dann den Wagen auf eine solche Entfernung bemerkt hätte oder hätte bemerken können, daß er seinen Zug noch rechtzeitig hätte zum Stehen bringen können. (II, 9. Mai 1940.)

Amtl. Sammlg. S. 195—199.
Vgl. Bd. 30 S. 25; Bd. 56 S. 343; Bd. 58 S. 27, 130; JW. 1932 S. 2087.

63. Hilfe bei Unglücksfällen. Volksschädling. Gesetzeseinheit. (StGB. § 330 c; VolksSchädlVO. § 2.) Durch einen Personenkraftwagen wurde nach Eintritt der Dunkelheit ein Fußgänger überfahren. Der Führer des

Kraftwagens setzte trotz Erkenntnis des Sachverhaltes seine Fahrt fort. Ein Radfahrer verfolgte den Wagen und forderte sowohl den Führer als einen im Wagen mitfahrenden Mann zur Hilfeleistung auf; beide lehnten es ab. Der Mitfahrer verteidigte sich gegenüber der Anklage wegen Verweigerung der Hilfeleistung damit, daß er betrunken gewesen sei und in diesem Zustande keine Hilfe hätte leisten können. Er wurde wegen Verweigerung der Hilfeleistung unter Anwendung der Verordnung gegen Volksschädlinge verurteilt. Das Reichsgericht verwies die Sache zurück. Das Unterlassen der Hilfeleistung wird als solches wegen der in ihm zutage tretenden rücksichtslosen Gesinnung bestraft, unabhängig davon, welche Folgen es gehabt hat. Die Pflicht zur Hilfeleistung besteht nicht nur für den Führer eines Kraftwagens, durch den ein Unfall verursacht worden ist, sondern auch für seine Mitfahrer. Das gesunde Volksempfinden hält auch gerade sie als an dem Unfall mitbeteiligt für verpflichtet, zu helfen. Die Betrunkenheit des Angeklagten war nicht so schwer, daß sie seine Verantwortung ausgeschlossen hätte. Zur Hilfeleistung ist allerdings nur verpflichtet, wer Hilfe leisten kann; dazu war aber der Angeklagte trotz seiner Trunkenheit imstande. Er hätte zum mindesten versuchen müssen, den Wagenführer zum Halten zu bewegen. Die Anwendung der Verordnung gegen Volksschädlinge ließ an sich keinen Rechtsirrtum erkennen. Nach ihr ist zu bestrafen, wer unter Ausnutzung der zur Abwehr von Fliegergefahr getroffenen Maßnahmen ein Verbrechen oder Vergehen gegen Leib, Leben oder Eigentum begeht. Ein Verbrechen oder Vergehen begeht auch, wer den strafrechtlichen Tatbestand schuldhaft durch Unterlassen verwirklicht; eine Ausnutzung der Verdunkelung konnte darin liegen, daß der Angeklagte hoffte, daß diese seine Entdeckung verhindern werde. Wenn auch das Verhalten des Angeklagten nur unter dem Gesichtspunkte der Gemeingefährlichkeit unter Strafe gestellt war, durfte es doch als Straftat gegen Leib und Leben angesehen werden; die Unterlassung der Hilfeleistung konnte Leib und Leben des Verletzten oder auch anderer Verkehrsteilnehmer schädigen, oder mindestens gefährden. Bei der Auslegung der Verordnung sind der Geist der Kriegsgesetzgebung und ihre Bedürfnisse zu berücksichtigen. Daß der Angeklagte unbestraft war, hinderte nicht ohne weiteres, ihn als Volksschädling anzusehen. Immerhin dürfen die schweren Strafen, die in der Verordnung vorgesehen sind, nicht ausnahmslos angewendet werden, wenn der Tatbestand festgestellt ist; vielmehr muß aus dem ganzen Sachverhalt, insbesondere aus der Tat selbst, der Täter als eine Persönlichkeit zu erkennen sein, die als Volksschädling zu erachten ist. Er muß durch die Tat eine Gesinnung gegenüber der vom Kriege betroffenen Volksgemeinschaft an den Tag gelegt haben, die beweist, daß er ihr feindlich gegenübersteht, die Kriegsverhältnisse selbstsüchtig ausnutzt und dadurch das Volk schädigt. § 2 VolksSchädlVO. enthält keine bloße Strafzumessungsregel, sondern bezeichnet besondere Umstände, welche die Strafbarkeit erhöhen; er läßt zu dem gesetzlichen Tatbestande der Straftaten gegen Leib, Leben und Eigentum ein weiteres Tatbestandsmerkmal, das Handeln unter Ausnutzung der zur Abwehr von Fliegergefahr getroffenen Maßnahmen, hinzutreten und stellt damit einen neuen gesetzlichen Tatbestand auf. Dieser steht zu dem Tatbestande der Straftaten gegen Leib, Leben oder Eigentum im Verhältnis der Gesetzeseinheit, so wie beispielsweise die Tatbestände des schweren Diebstahls zu dem des einfachen Diebstahls. Die Urteilsform ist dahin zu fassen, daß der Angeklagte der ihm zur Last gelegten Tat in Verbindung mit dem § 2 VO. gegen Volksschädlinge schuldig ist. (II, 26. Mai 1940.) Amtl. Sammlg. S. 199—203. Vgl. Bd. 64 S. 273; Bd. 68 S. 149; Bd. 69 S. 320; Bd. 71 S. 200; Bd. 73 S. 52, 153; Bd. 74 S. 98, 101; JW. 1940 S. 371, 401.

64. Eidesnotstand. Gefahr der Strafverfolgung. Beleidigung. Strafantrag. (StGB. §§ 61, 153, 157.) Ein Mann, der wiederholt mit einem 17 jährigen Mädchen geschlechtlich verkehrt hatte, gab bei seiner eidlichen Vernehmung als Zeuge nur einen Fall zu. Er wurde wegen Meineid verurteilt; bei der Bemessung der Strafe wurde berücksichtigt, daß die Angabe der vollen Wahrheit eine Verfolgung wegen Beleidigung des Mädchens oder wegen Beleidigung ihrer Mutter hätte nach sich ziehen können. Die Revision des Staatsanwalts hatte keinen Erfolg. Sie war darauf gestützt, daß die sämtlichen Beleidigungen eine fortgesetzte Tat gebildet hätten, so daß die Gefahr der Strafverfolgung schon durch die Aussage des Angeklagten begründet worden sei. Die Ermäßigung der Strafe kann aber auch schon dann eintreten, wenn die Offenbarung der Wahrheit für den Zeugen im Zeitpunkte der Eidesleistung nach den dabei gegebenen Umständen des Falles die nicht bloß entfernte Gefahr begründen oder verstärken würde, daß sie eine Strafverfolgung gegen ihn nach sich zöge. Eine solche Gefahr kann sogar dann gegeben sein, wenn der Zeuge in Wirklichkeit keine strafbare Handlung begangen hat. Eine Gefahr der Strafverfolgung wegen Beleidigung bestand für den Angeklagten schon auf Grund seiner Aussage, gleichviel, ob die einzelnen Beleidigungen als selbständige Handlungen oder insgesamt nur als eine fortgesetzte Tat zu beurteilen waren. Eine Besonderheit des Falles lag aber hier darin, daß die Durchführung der Strafverfolgung von einem rechtswirksamen Antrag der Mutter des Mädchens als ihrer gesetzlichen Vertreterin abhängig war. Im Zeitpunkte der Eidesleistung war die Frist noch nicht abgelaufen; die Mutter hatte überhaupt keine Kenntnis von den Vorfällen. Wenn die einzelnen Handlungen als selbständige Straftaten zu beurteilen waren, lag die Gefahr der Strafverfolgung für jede von ihnen auf der Hand. Kam dagegen infolge Fortsetzungszusammenhanges nur e i n e Handlung in Betracht, so war zu berücksichtigen, daß es der Mutter auch in diesem Falle freistand, den Antrag auf eine oder einzelne der Beleidigungen zu beschränken mit der Wirkung, daß die so ausgeschiedenen Fälle keinen Gegenstand eines Strafverfahrens gegen den Angeklagten bilden durften. Das ergibt sich aus der sachlichen Teilbarkeit des Strafantrags. Das Bekanntwerden eines neuen Einzelfalles hätte also die Gefahr der Strafverfolgung für den Angeklagten neu eröffnen können. Außerdem hätte aber jede Einzeltat, die neu bekannt geworden wäre, der Mutter des Mädchens den Anstoß dazu geben können, überhaupt im Wege des Strafantrags gegen den Angeklagten vorzugehen. Die Gefahr einer Strafverfolgung kann durch eine Aussage auch dann begründet werden, wenn sie den Tatbestand einer ohnehin bekannten, nur auf Antrag verfolgbaren Handlung irgendwie verstärkt und dadurch auf den Antragsberechtigten in dem Sinn einzuwirken vermag, daß er gerade daraufhin sein Antragsrecht ausübt. (I, 21. Mai 1940.) Amtl. Sammlg. S. 203—206. Vgl. Bd. 62 S. 83; Bd. 69 S. 41; Bd. 73 S. 310; Bd. 74 S. 185.

65. **Zollhinterziehung. Einziehung. Straffreiheit.** (Gnadenerlaß vom 9. September 1939; AusfBest. § 1.) W. und B. wurden wegen Zollhinterziehung angeklagt. B. wurde freigesprochen mit der Begründung, daß er von der Absicht des W., den Zoll zu hinterziehen, keine Kenntnis gehabt habe. Die Zollbehörde focht das Urteil mit Revision an, weil die Einziehung des zur Beförderung der zollpflichtigen Waren verwendeten Wagens, der B. gehörte, nicht angeordnet worden sei. Während des Verfahrens erging der Gnadenerlaß vom 9. September 1939. Demzufolge war das angefochtene Urteil aufzuheben, soweit W. wegen Zollhinterziehung verurteilt worden war; das Verfahren gegen ihn war einzustellen. Infolgedessen konnte auch die Einziehung des B. gehörigen Wagens nicht mehr angeordnet werden. (III, 23. Mai 1940.) Amtl. Sammlg. S. 206—207.

66. **Betrug durch Falscheid.** (ÖstStG. §§ 197, 199 a, 203.) In einem Streitverfahren wegen Unterhalts für ein uneheliches Kind wurde die Mutter der Kindsmutter als Zeugin eidlich vernommen. Sie machte unwahre Angaben. Die Klage ging auf eine Unterhaltsleistung von monatlich 40 Schilling; das Urteil lautete auf eine Leistung von monatlich 10 Schilling. In dem gegen die Mutter des Mädchens eingeleiteten Verfahren wegen versuchten Betrugs kam es darauf an, ob der Schaden, den sie dem Kindsvater zufügen wollte, mehr als 2500 Schilling betrug. Das Landgericht hatte das bejaht; es hatte angenommen, auch wenn man den höheren Betrag, den sie durch ihre Aussage zu erzielen hoffte, nur mit 15 Schilling monatlich annahm, errechne sich bis zur Selbsterhaltungsfähigkeit des Kindes ein höherer Betrag als 2500 Schilling. Das Reichsgericht erklärte diese Berechnung für falsch. Für die Beurteilung der Schädigungsabsicht ist der Zeitpunkt der Tat maßgebend. Für die Zeit von der Einreichung der Klage bis zur Ablegung des Eides durch die Angeklagte ergab sich hiernach ein Schaden von höchstens 15 Schilling. Der Fortbestand und Umfang der Unterhaltsverpflichtung, die dem Kindsvater oblag,

war von einer Reihe von Umständen abhängig, die zur Zeit der Tat nicht näher vorhersehbar waren. Es war also nicht möglich, zu dem Schlusse zu kommen, daß die Angeklagte im gegebenen Falle einen Schaden von mehr als 2500 Schilling habe herbeiführen wollen. (VI, 24. Mai 1940.) Amtl. Sammlg. S. 208—210.

67. **Urkundenfälschung. Irrtum.** (StGB. §§ 59, 267, 268, 269, 288.) Der Geschäftsführer einer Kommanditgesellschaft, die aus Mitgliedern einer Familie bestand, war leidend und oft abwesend; er überließ seinen Angehörigen mehrere leere Blätter Papier, die mit seiner Unterschrift versehen waren, damit sie diese mit einem entsprechenden Inhalt ausfüllten, wenn das zum Nutzen der Gesellschaft notwendig war. Nach seinem Tode füllte einer seiner Brüder ein solches Blatt mit den Bestimmungen eines Sicherungsübereignungsvertrages aus, den er um zwei Jahre zurückverlegte. Seine Absicht ging dahin, das Vermögen der Gesellschaft ihren Gläubigern zu entziehen. Wegen Urkundenfälschung verurteilt, berief er sich in seiner Revision darauf, daß sein Bruder ihn ermächtigt habe, dem mit seiner Unterschrift versehenen Blatte jeden Inhalt zu geben, der der Gesellschaft nützlich sei. Das Rechtsmittel hatte keinen Erfolg. Es konnte dahingestellt bleiben, welchen Einfluß der Tod des früheren Geschäftsführers auf eine Ermächtigung dieser Art gehabt hätte; die Ermächtigung allein würde die Ausfüllung des Blattes auch dann nicht gerechtfertigt haben, wenn der Geschäftsführer zur Zeit der Ausfüllung noch gelebt hätte. Durch die Ausfüllung wurde dem Blatt ein Inhalt gegeben, der auf Täuschung der Gläubiger der Gesellschaft gerichtet war. Zu diesem Zwecke wurde der Vertrag zurückverlegt. Eine solche Handlungsweise widersprach den guten Sitten und den Grundsätzen von Treu und Glauben im Verkehr; es konnte darin sogar eine strafbare Handlung liegen. Die Ermächtigung hätte die Handlung nicht entschuldigt, zwar nicht schon deshalb, weil sie den guten Sitten zuwiderlief, sondern deshalb, weil die Ermächtigung zur Anfertigung einer Urkunde mit sittenwidrigem oder gar strafbarem Inhalt nicht allgemein, sondern nur für eine bestimmte Sachlage gegeben werden kann. Zum mindesten muß der Ermächtigende vorher in groben Umrissen gewußt haben, in

welcher Weise die Urkunde vervollständigt werden soll. Falls der Angeklagte angenommen hatte, die ihm erteilte allgemeine Ermächtigung genüge zur Ausfüllung des Blattes, so wie er sie vorgenommen hatte, irrte er sich nicht über Tatumstände, sondern über eine Rechtsfrage des Strafrechts. Auch wenn der Angeklagte mit seinem Bruder über den Abschluß eines Vertrags, wie ihn die Urkunde enthielt, gesprochen hätte, war davon noch die Frage zu trennen, ob der Bruder damit einverstanden gewesen wäre, daß ein solcher Vertrag nach seinem Tode beurkundet und dabei als Zeitpunkt ein weit zurückliegender Tag angegeben werde. (I, 12. Januar 1940.)

Amtl. Sammlg. S. 210—213.

Vgl. Bd. 43 S. 348.

68. Straßenverkehr. Halttafel. Vorfahrtsrecht. (StrVerkO. § 13 c.) Die Halttafel spricht ein unbedingt und immer zu beachtendes Gebot zum Anhalten für jedes Fahrzeug aus, ohne Rücksicht darauf, ob die zu befahrende Straße verkehrsfrei ist oder nicht. Die Haltepflicht wird nur durch völliges Zurruhekommen des Fahrzeuges erfüllt. Dieses darf erst dann wieder anfahren, wenn der Fahrer sich vergewissert hat, daß er mit Sicherheit keinen anderen Verkehrsteilnehmer schädigen oder belästigen kann. Die frühere Regelung legte dem Benutzer einer Straße allgemein die Verpflichtung auf, bei Kreuzung mit einer anderen Straße, deren Eigenschaft als Hauptstraße gekennzeichnet war, das Vorfahrtsrecht des Benutzers der Hauptstraße zu beachten. Darüber hinaus soll durch die Anbringung von Halttafeln die größtmögliche Gewähr dafür geschaffen werden, daß der auf der Nebenstraße herannahende Verkehrsteilnehmer sich in Ruhe davon überzeugt, ob er ohne Gefahr für sich und andere in die Hauptstraße einbiegen oder diese kreuzen kann. (IV, 24. Mai 1940.)

Amtl. Sammlg. S. 213—214.

69. Butter. Selbstversorger. (VO. vom 7. September 1939 über die öffentliche Bewirtschaftung von Milch.) Über Lebensmittel, die der öffentlichen Bewirtschaftung unterliegen, darf der Erwerber frei verfügen, wenn er sie ordnungsmäßig erworben hat. Demzufolge ist es zulässig, wenn jemand Butter, die er als Selbstversorger bezogen hat, an andere Verbraucher abgibt. Die Beschlagnahme solcher Erzeugnisse hört auf, sobald sie ordnungsmäßig in den Besitz eines bezugsberechtigten Verbrauchers gelangt sind; diesem stehen sie zur freien Verfügung. (III, 2. Juni 1940.) Amtl. Sammlg. S. 214—216.

70. **Tateinheit. Tatmehrheit.** (ÖstStG. §§ 34, 54, 55; ÖstStPO. § 265 a.) Beim Zusammentreffen mehrerer Verbrechen ist der Angeklagte nach österreichischem Recht nach dem Verbrechen zu bestrafen, auf das die schärfste Strafe gesetzt ist; die Strafe nach diesem Gesetz ist aber mit Bedacht auf die übrigen Verbrechen zu bestimmen. Demgemäß sind das Mindestmaß und die Strafart des milderen Gesetzes auch dann einzuhalten, wenn nach dem strengeren Gesetz eine kürzere Strafe oder eine mildere Strafart zulässig wären. Das Mindestmaß und die Strafart sind hiebei nach dem durch die Bestimmungen über das außerordentliche Milderungsrecht erweiterten Strafrahmen zu beurteilen. (VI, 4. Juni 1940.)

Amtl. Sammlg. S. 216—217.

71. **Verminderte Zurechnungsfähigkeit. Gewohnheitsverbrecher.** (StGB. §§ 20 a, 42 c, 42 e, 51, 175.) Ein Mann, der wegen mehrerer Vergehen gegen § 175 StGB. eine Gefängnisstrafe verbüßt hatte, ließ sich alsbald nach seiner Entlassung neuerdings solche Verfehlungen zuschulden kommen. Es wurde festgestellt, daß bei ihm ein innerer Drang zu solchen Straftaten vorhanden war, der insbesondere durch Alkoholgenuß ausgelöst wurde. Der Staatsanwalt beantragte, den Angeklagten als gefährlichen Gewohnheitsverbrecher zu behandeln. Das Landgericht lehnte ab, verminderte Zurechnungsfähigkeit anzunehmen, und begründete das damit, daß entgegen einer früheren Ansicht heute von jemand, der infolge eines geringeren Unterscheidungs- und Hemmungsvermögens eine größere Gefahr für die Volksgemeinschaft bedeute, verlangt werden müsse, daß er selbst durch erhöhte Kraftanstrengung einen Ausgleich schaffe. Das Reichsgericht erklärte, daß das Landgericht die Frage der verminderten Schuldfähigkeit mit der anderen Frage, ob bei einem vermindert Zurechnungsfähigen die Strafe zu mildern sei, verwechselt habe. Beide Fragen sind selbständig zu prüfen. Nur für die zweite Frage ist die vom sittlichen Standpunkt aus zu stellende Forderung von Bedeutung, daß sich der geistig minderwertige Mensch bemühen muß, seine

gemeinschaftsgefährlichen Anlagen durch besondere Anstrengungen auszugleichen. Die erste Frage dagegen liegt rein auf tatsächlichem Gebiet und hat mit sittlichen Forderungen nichts zu tun. Das Merkmal der Gefährlichkeit war nach dem Zeitpunkte der Hauptverhandlung, nicht erst für die Zukunft zu beurteilen. Das Landgericht hatte angenommen, daß es dem Angeklagten in Zukunft möglich sein werde, sich von ähnlichen Verfehlungen zu enthalten, wenn er nicht mehr trinken, sondern enthaltsam leben würde; es hatte aber keine Tatsachen angeführt, welche diese Annahme rechtfertigten. Schon von seinem Standpunkt aus hätte das Landgericht prüfen müssen, ob nicht § 42c StGB. anzuwenden sei; daß der Angeklagte kein Trinker im üblichen Sinne war, ergab noch nicht, daß der bei ihm wiederholt festgestellte übermäßige Genuß geistiger Getränke nicht gewohnheitsmäßig war. Auch die Frage der Sicherungsverwahrung hätte geprüft werden sollen. Eine lediglich bedingte Möglichkeit, daß sich der Angeklagte in Zukunft von gleichgeschlechtlichen Straftaten zurückhalten werde, genügte nicht, um diese Maßregel abzulehnen. (V, 6. Juni 1940.) Amtl. Sammlg. S. 217—219.
Vgl. Bd. 71 S. 179; Bd. 72 S. 356; Bd. 73 S. 101, 276.

72. Räumliche Geltung der Strafgesetze. Strafenanpassung. (StGB. § 3; StrAnpG. § 3; ÖstStPO. § 265a.) Wegen eines Betrugs, den der Angeklagte im Jahr 1931 in Österreich begangen hatte, wurde das Hauptverfahren vor einem Gericht im Altreich eröffnet; die Tat wurde nach österreichischem Strafrecht beurteilt. Das Reichsgericht erklärte das für richtig. Die Frage der Zuständigkeit war nach deutschem Rechte zu entscheiden; hienach war der Gerichtsstand des Wohnsitzes gegeben. In Österreich wäre der Gerichtsstand des Tatortes gegeben gewesen; der Angeklagte hätte also auch dort unter Anklage gestellt werden können. Es wäre widersinnig gewesen, wenn er wegen derselben Tat im Altreich nach deutschem, in Österreich nach österreichischem Strafrecht behandelt worden wäre; ein solches Vorgehen wäre nicht vereinbar mit der Einheit des Deutschen Reiches, in dessen Staatsgebiet nur noch e i n Staat vorhanden ist. Grundsätzlich muß jede strafbare Handlung, die in einem der mehreren Rechtsgebiete des Deutschen Reiches begangen wird, von jedem zuständigen Gericht des Deutschen Reiches nach dem Strafgesetz beurteilt werden, das am Tatort gilt. Der Tatort ist von der Straftat untrennbar, während die persönliche Zugehörigkeit des Angeklagten zu einem Rechtsgebiet wie auch sein Wohnsitz oder Aufenthalt aus mehr oder minder zufälligen Gründen wechseln können. Die Vorschriften, durch welche die Geltung des inländischen Strafrechts gegenüber den Strafgesetzen anderer Staaten abgegrenzt wird, sind in ihren Grundgedanken durch das Völkerrecht und durch Zweckmäßigkeitserwägungen der äußeren Politik beeinflußt, insbesondere dadurch, daß kein Staat seine eigenen Angehörigen zur Strafverfolgung an einen fremden Staat ausliefert; sie ruhen also auf einem ganz anderen Boden als die Erwägungen, mit denen innerhalb eines Einheitsstaates die Wirkungsbereiche der gleichberechtigten Rechtssätze verschiedener Rechtsgebiete gegeneinander abgegrenzt werden müssen. Die Grundregel kann in ihrem Bestande auch nicht dadurch gefährdet werden, daß sich bei fortgesetzten Handlungen Schwierigkeiten ergeben können, wenn mehrere in verschiedenen Rechtsgebieten liegende Orte als Tatorte in Betracht kommen. Allerdings hätte, wenn der Angeklagte schon vor der Vereinigung Österreichs mit dem Altreich vor einem Gericht des Altreiches abgeurteilt worden wäre, das deutsche Strafrecht angewendet werden müssen, weil dessen Strafdrohung milder ist als jene des österreichischen Strafgesetzes. Dieser Umstand konnte aber nichts daran ändern, daß infolge der späteren Neuordnung nunmehr von allen zuständigen Gerichten des einheitlichen Reiches nur einheitlich dasselbe Strafrecht angewendet werden kann. Gemäß dem Strafenanpassungsgesetz war an Stelle schweren Kerkers auf Zuchthaus zu erkennen. Das Urteil wurde aufgehoben, weil nicht zu ersehen war, ob das Landgericht die Vorschrift der österreichischen Strafprozeßordnung, die ein allgemeines Strafmilderungsrecht vorsieht, für anwendbar gehalten hatte. Ein ausreichender Grund für eine Strafmilderung konnte schon darin gefunden werden, daß die Straftat des Angeklagten weit zurücklag. (I, 18. Juni 1940.)

Amtl. Sammlg. S. 219—224.

Vgl. Bd. 73 S. 316.

73. **Geschlechtsverkehr als Beleidigung eines Jugendlichen.** (StGB. § 185.) Eine 42jährige Frau vollzog mit zwei Lehrlingen, die beide noch nicht 16 Jahre alt waren, wiederholt den Beischlaf. Mit Recht hatte darin das Landgericht eine Beleidigung der beiden Lehrlinge gefunden, obwohl diese selbst die Gelegenheit zu dem Geschlechtsverkehr gesucht hatten. Bei dem großen Altersunterschied hatte das Verhalten der Angeklagten etwas Unnatürliches; sie mußte selbst erkennen, daß in einem solchen Geschlechtsverkehr nicht das Geringste gefunden werden konnte, was vom sittlichen Standpunkt aus billigenswert oder auch nur erträglich sein konnte. Die jungen Burschen wurden bei den Vorgängen lediglich Opfer ihrer unbeherrschten sinnlichen Triebe, auch ihrer Neugier und des rein sinnlichen Verlangens der Angeklagten; daß es verletzend für ihre Ehre war, so als Opfer der Sinnlichkeit mißbraucht zu werden, konnte nicht in Zweifel kommen. Die Angeklagte, die selbst einen Sohn im ungefähren Alter der beiden Burschen hatte, wäre es diesem, sich selbst und der Volksgesamtheit schuldig gewesen, den unreifen Burschen nicht entgegenzukommen. Die gesetzlichen Vertreter hatten Strafantrag gestellt. (I, 18. Juni 1940.)

Amtl. Sammlg. S. 224—226.
Vgl. Bd. 60 S. 34; Bd. 71 S. 349.

74. **Volksschädling.** (VolksSchädlVO. § 4.) Wegen schweren Diebstahls im Rückfall wurde der Angeklagte zu 8 Jahren Zuchthaus verurteilt. Es wurde festgestellt, daß er die Tat in Ausnutzung der durch den Kriegszustand verursachten ungewöhnlichen Verhältnisse begangen hatte. Das Reichsgericht bemerkte dazu, daß auch erörtert hätte werden müssen, ob das gesunde Volksempfinden wegen der besonderen Verwerflichkeit der Straftat ein Überschreiten des regelmäßigen Strafrahmens erfordere; die Anwendung des § 4 VO. ist von den beiden Erfordernissen abhängig, daß der Täter die besonderen Kriegsverhältnisse ausgenutzt hat und daß ein Überschreiten des regelmäßigen Strafrahmens geboten ist. Die vom Landgericht ausgesprochene Strafe lag innerhalb des regelmäßigen Strafrahmens (2—15 Jahre Zuchthaus). Das Reichsgericht entschied, daß das gesunde Volksemp-

finden nicht erforderte, diesen sehr weiten Strafrahmen zu überschreiten. (I, 18. Juni 1940.)

Amtl. Sammlg. S. 226—227.

75. **Reichsfluchtsteuer. Mittäterschaft.** (StGB. §§ 47, 49; RAbgO. § 396; RFluchtStVO. § 9.) Ein Finanzbeamter wurde auf Grund des § 396 RAbgO. wegen Steuerhinterziehung verurteilt, weil er vier Juden bei Hinterziehung der Reichsfluchtsteuer behilflich gewesen war. Die Revision der Steuerbehörde, in der Bestrafung aus § 9 RFluchtStVO. verlangt wurde, hatte Erfolg. Das Vergehen gegen § 9 RFluchtStVO. stellt gegenüber dem der Steuerhinterziehung (§ 396 RAbgO.) eine Sonderstraftat dar. Zu seinem Tatbestande gehört namentlich nicht, daß eine Steuerverkürzung durch steuerunehrliches Verhalten bewirkt wird, ferner kein Handeln zum eigenen Vorteil oder zum Vorteil eines anderen; der Tatbestand ist vielmehr schon dadurch erfüllt, daß der Steuerpflichtige die Steuer nicht binnen einem Monat seit dem Fälligwerden bezahlt, sofern nicht nachgewiesen wird, daß ihn kein Verschulden trifft. Aus der Fassung der Vorschrift ergibt sich aber, daß nur der Steuerpflichtige selbst die Straftat begehen kann. Tateinheit dieses Vergehens mit Steuerhinterziehung nach § 396 RAbgO. ist möglich. Der Angeklagte konnte also nicht als Mittäter aus § 9 RFluchtStVO. bestraft werden, wohl aber war eine Bestrafung als Anstifter oder Gehilfe möglich. (II, 20. Juni 1940.) Amtl. Sammlg. S. 228—229.
Vgl. Bd. 42 S. 382; Bd. 59 S. 79; Bd. 69 S. 93; Bd. 70 S. 10; Bd. 71 S. 216; JW. 1936 S. 3467.

76. **Unrichtiges Arztzeugnis. Geschlechtskrankheit. Seuchenbekämpfung. Aufsichtsmaßregeln.** (StGB. §§ 278, 327; GeschlKrG. § 4.) In einer Stadt bestand die Vorschrift, daß jede weibliche Person, die dort gewerbsmäßig Unzucht trieb, im Besitz eines von der Gesundheitsbehörde der Stadt ausgestellten Ausweises, des sogenannten Kontrollbuches, sein mußte. Ferner wurde dort jeder Dirne vom Gesundheitsamt der Auftrag erteilt, sich jeden siebenten Tag einer ärztlichen Untersuchung durch einen Arzt für Haut- und Geschlechtskrankheiten zu unterziehen. Nach einer mit den Ärzten getroffenen Vereinbarung hatten diese eine Bescheinigung des Inhalts, daß die darin genannte Dirne an einem bestimmten Tage untersucht

worden sei und welchen Befund die Untersuchung gehabt hatte, dem Gesundheitsamte einzureichen; außerdem war in dem Kontrollbuch gegebenenfalls der Stempel „kein krankhafter Befund" einzudrücken. Ein Arzt stellte in zahlreichen Fällen solche Bescheinigungen aus, ohne die Dirnen untersucht zu haben. Er wurde wegen fortgesetzter Ausstellung unrichtiger Gesundheitszeugnisse in Tateinheit mit einem Vergehen der Verletzung von Maßregeln gegen ansteckende Krankheiten verurteilt. Seine Revision hatte keinen Erfolg. Allerdings war kein Fall festgestellt worden, in dem im Widerspruch zu der Bescheinigung eine Geschlechtskrankheit bestand; die Bescheinigungen waren aber schon deshalb unrichtig, weil sie einen ganz bestimmten ärztlichen Befund bezeugten, während der Angeklagte ohne Untersuchung einen Befund überhaupt nicht haben konnte. Ein Zeugnis, das ein Arzt ohne Untersuchung ausstellt, ist als Beweismittel ebenso wertlos wie ein Zeugnis, das nach Untersuchung den hiebei festgestellten Gesundheitszustand unrichtig darstellt. Dem Angeklagten war auch bekannt, daß er einen Befund bescheinigte, den er mangels Untersuchung gar nicht erhoben hatte; wenn er die Bescheinigungen deshalb nicht für unrichtig hielt, weil er überzeugt war, daß die Dirne nicht erkrankt sei, befand er sich in einem für den Schuldspruch belanglosen, übrigens äußerst leichtfertigen Irrtum. Gegen die Verurteilung wegen Verletzung von Aufsichtsmaßregeln, die zur Verhütung der Verbreitung ansteckender Krankheiten angeordnet waren, hatte der Angeklagte eingewendet, daß die Geschlechtskrankheiten nicht in den Bereich des § 327 StGB. fielen, weil ihre Bekämpfung ausschließlich durch das dafür erlassene Gesetz geregelt werde. Die Entstehungsgeschichte der einschlägigen gesetzlichen Vorschriften läßt aber in keiner Weise einen Ausspruch ersehen, wonach zu den ansteckenden Krankheiten im Sinne des § 327 StGB. die Geschlechtskrankheiten nicht zählen sollten. Zu den zulässigen Aufsichtsmaßregeln gehört, daß krankheits- oder ansteckungsverdächtige Personen einer Beobachtung unterworfen werden; gerade das bezweckte die Anordnung des Gesundheitsamtes. Die Ansicht, daß solche Anordnungen nicht unter die Aufsichtsmaßregeln des § 327 StGB. eingereiht werden könnten, weil diese Maßregeln darauf gerichtet sein müßten, die

Bewegungsfreiheit der von ihnen Betroffenen aufzuheben oder zu beschränken, erklärte das Reichsgericht für unrichtig; dieses Kennzeichen trifft nur für Absperrungsmaßregeln, nicht aber für Aufsichtsmaßregeln zu. Die Anordnungen des Gesundheitsamtes richteten sich allerdings zunächst nur an die Dirnen, sie war aber nicht durchführbar ohne Mitwirkung der Fachärzte. Wenn ein Arzt das Vertrauen auf seine Zuverlässigkeit und seine Standesehre mißbrauchte, indem er unrichtige Zeugnisse ausstellte und dem Gesundheitsamte einreichte, machte er den Erfolg der Maßregel der Gesundheitsbehörde zunichte. Der Angeklagte hatte sich zudem dem Gesundheitsamte durch Vereinbarung noch besonders als Pflichtenträger bei der Durchführung der Maßregeln zur Verfügung gestellt, also sogar persönlich übernommene Pflichten verletzt, deren Begründung zu den Aufsichtsmaßregeln des Gesundheitsamtes gehörte. (I, 25. Juni 1940.)

Amtl. Sammlg. S. 229—237.
Vgl. Bd. 31 S. 342.

77. **Devisenrecht. Unrichtige Auskunft. Eigenhändige Straftat.** (DevG. 1935 §§ 34, 43.) Unter den Begriff der Auskunft im Sinne des § 34 DevG. fallen alle von den dort genannten Behörden geforderten Angaben, die für ihre Entscheidung von irgendwelcher Bedeutung sein können; in welcher Form sie gefordert werden, ist ohne Belang. Soweit Anträge unter Verwendung von Vordrucken gestellt werden, sind Antworten auf die dort gestellten Fragen solche Auskünfte. Angaben, die in einem formlosen Antrag gemacht werden und zu dessen Begründung dienen, können nicht anders behandelt werden. Erst recht gilt das für Angaben, die auf Verlangen einer Behörde zur Ergänzung eines unvollständigen Antrages gemacht werden. Ob die Angaben schließlich nicht ausschlaggebend sind, hat keine Bedeutung. Die unrichtige Auskunfterteilung ist keine eigenhändige Straftat; Täter des Vergehens kann auch jemand sein, mit dessen Wissen und Wollen und unter dessen Mitwirkung ein anderer eine erforderte Auskunft unrichtig erteilt. (III, 27. Juni 1940.) Amtl. Sammlg. S. 238—239.
Vgl. Bd. 71 S. 366, 371.

78. **Volksschädling.** (VolksSchädlVO. § 4.) Sachen, die zufolge der Versorgungsregelung besonders wertvoll waren, wurden in großer Menge entwendet. Das Landgericht lehnte es ab, die Tat nach den strengen Vorschriften der Verordnung gegen Volksschädlinge zu bestrafen, weil der Angeklagte noch nicht bestraft war, sich im Weltkrieg als Soldat bewährt hatte, mit dem Eisernen Kreuz zweiter und erster Klasse ausgezeichnet worden war und infolge Kriegsbeschädigung eine erhebliche Beeinträchtigung seiner Erwerbsfähigkeit erlitten hatte. Das Reichsgericht billigte diese Sachbehandlung; die durch die Verordnung zugelassene Überschreitung des regelmäßigen Strafrahmens hängt davon ab, daß das gesunde Volksempfinden wegen der besonderen Verwerflichkeit der Straftat sie erfordert. Eine besondere Verwerflichkeit der Tat kann sich aus dieser selbst, der Art ihrer Ausführung oder aus der Person des Täters ergeben. (III, 27. Juni 1940.) Amtl. Sammlg. S. 239—240.

79. **Kriegsverfahren.** (KStVO. § 120.) Wegen einer im Januar 1940 begangenen Tat wurde am 29. Februar 1940 Anklage erhoben. Am 4. März 1940 rückte der Angeschuldigte zum Heeresdienst ein. Das Landgericht sandte die Akten an den zuständigen Gerichtsherrn; dieser gab sie an das Landesgericht zurück, weil der Angeschuldigte die Straftat noch vor seiner Einberufung zum Heeresdienst begangen habe und militärische Belange die Aburteilung durch ein Wehrmachtsgericht nicht erforderten. Das Landgericht erklärte sich für unzuständig, weil § 120 KStVO. sich nur auf Straftaten beziehe, die bei dem Inkrafttreten der Verordnung (26. August 1939) bei den Behörden der allgemeinen Gerichtsbarkeit anhängig waren. Das erklärte das Reichsgericht für irrig. Allerdings ist in der Verordnung nicht ausdrücklich gesagt, was zu geschehen hat, wenn nach ihrem Inkrafttreten ein Strafverfahren bei dem allgemeinen Gericht eingeleitet worden ist und der Beschuldigte später zum Wehrdienst einberufen wird. Daß in einem solchen Falle das Strafverfahren in das Kriegsverfahren übergeht, ergibt sich aus der Vorschrift, daß die Kriegsgerichte über Soldaten auch dann zu urteilen haben, wenn sie die Straftat vor Eintritt in das Dienstverhältnis begangen haben. Aus § 120 KStVO. ist aber zu folgern, daß in einem

solchen Falle der Gerichtsherr die Sache an das allgemeine Gericht abgeben kann. (VI, 28. Juni 1940.)

Amtl. Sammlg. S. 240—243.

80. Entziehung elektrischer Arbeit. Betrug. Gesetzeseinheit. (ElEntzG. § 1.) In einem Zähler zur Feststellung des Verbrauches elektrischen Stromes wurde die Scheibe angehalten und auf diese Weise erzielt, daß der Zähler einen geringeren als den wirklichen Stromverbrauch anzeigte. Die Bestrafung aus dem Gesetz über Entziehung elektrischer Arbeit wurde vom Reichsgericht nicht gebilligt. Nach diesem Gesetz ist strafbar, wer einer elektrischen Anlage oder Einrichtung fremde elektrische Arbeit mittels eines Leiters entzieht, der nicht zur ordnungsmäßigen Entnahme von Arbeit aus ihr bestimmt ist. Wird ohne Veränderung an der Stromleitung nur der Lauf des Zählers gehemmt oder ausgeschaltet, so wird der Strom nicht mittels eines falschen Leiters entnommen. Die Auffassung des Landgerichts, die durch einen Zähler geführte Leitung sei nur so lange zur ordnungsmäßigen Entnahme der elektrischen Arbeit bestimmt, als die Zählvorrichtung nicht durch den Strombezieher ausgeschaltet sei, erklärte das Reichsgericht für unhaltbar. Der Begriff des zur ordnungsmäßigen Entnahme nicht bestimmten Leiters ist dem des falschen Schlüssels oder des anderen zur ordnungsmäßigen Öffnung eines Schlosses nicht bestimmten Werkzeuges nachgebildet. Die Bestimmung des Leiters zur ordnungsmäßigen Entnahme elektrischer Arbeit ist eine Eigenschaft von gewisser Dauer; sie kann von dem Stromlieferwerk entzogen und wieder verliehen werden, kann aber nur allgemein bestehen oder nicht bestehen und nicht davon abhängig sein, ob die Entnahme der elektrischen Arbeit unter gewissen Umständen dem Willen dessen zuwiderläuft, der sie liefert. Die Entnahme elektrischer Arbeit unter Bremsen oder Ausschalten der Tätigkeit des Zählers ohne Anbringen eines falschen Leiters wird aber in der Regel den Tatbestand des Betrugs erfüllen. Auf diese Weise wird der Beauftragte des Stromlieferwerkes, der den Zähler abliest, darüber getäuscht, welche Menge elektrischer Arbeit verbraucht worden ist, und das Stromlieferwerk um den entsprechenden Betrag geschädigt. Wenn dieses auch den Mehrverbrauch nach Aufdeckung der Täuschung nachfordern kann, wird dadurch der schon vollendete Betrug nicht beseitigt, sondern nur der entstandene Schaden wieder gutgemacht. Wenn der Tatbestand des Gesetzes über Entziehung elektrischer Arbeit erfüllt ist, bleibt allerdings für eine Bestrafung wegen Betrugs kein Raum, weil diese Vorschrift als das engere Gesetz jener über Betrug vorgeht. (II, 29. April 1940.) Amtl. Sammlg. S. 243—246.

Vgl. Bd. 35 S. 311; Bd. 39 S. 436; Bd. 42 S. 19.

81. **Volksschädling. Versuch.** (StGB. §§ 43, 44, 242; VolksSchädlVO. § 2.) Aus dem Warteraum eines Arztes wurde ein Mantel gestohlen. Als der Dieb auf die Straße kam, war inzwischen Dunkelheit eingetreten; diese erleichterte sein Entkommen. Das Landgericht lehnte die Anwendung der Verordnung gegen Volksschädlinge auf den Fall ab. Die Revision des Staatsanwalts hatte keinen Erfolg. Zu Anwendung der Verordnung ist allerdings nicht erforderlich, daß gerade die tatbestandsmäßigen Ausführungshandlungen durch die Verdunkelung begünstigt werden; es genügt vielmehr, wenn die zur Abwehr von Fliegergefahr getroffenen Maßnahmen auch nur zur Vorbereitung der Tat oder zur Sicherung ihres Erfolges ausgenutzt werden. Sind aber nur solche Maßnahmen des Täters erleichtert worden, die der Ausführung nachfolgen, z. B. die Flucht oder die Bergung der Beute, so gehört zum inneren Tatbestande des Verbrechens, daß sich der Täter dieses Umstandes spätestens während der Ausführung der Tat bewußt geworden ist und sie trotzdem ausgeführt hat. Daran fehlte es im vorliegenden Falle. Als der Täter die Straße betrat und sich bewußt wurde, daß durch die Dunkelheit sein Entkommen begünstigt wurde, war der Diebstahl schon vollendet; die Wegnahme hatte dadurch ihren Abschluß gefunden, daß sich der Täter mit dem Mantel unbemerkt aus dem Wartezimmer entfernte. — In einem anderen Falle hatten zwei Burschen verabredet, aus dem Warteraum eines Zahnarztes einen Mantel zu stehlen; der eine trat in den Warteraum ein und ließ verabredungsgemäß die Türe dazu offenstehen, damit der andere unbemerkt dorthin gelangen und den Mantel wegnehmen konnte. Beide Täter waren entschlossen, die Dunkelheit zu ihrer Flucht auszunutzen. Sie wurden mit dem Mantel innerhalb des Hauses festgenommen. Die Verurteilung wegen gemeinschaftlich

verübten Diebstahlversuchs und eines Versuchs gegen die Volksschädlingsverordnung wurde gebilligt. Die Täter hatten allerdings die Ausführungshandlungen, die den Diebstahlsversuch enthielten, nicht unter dem Schutze der Verdunkelung vorgenommen; auch konnten sie die Flucht in die Dunkelheit nicht ergreifen, weil sie noch innerhalb des Hauses festgenommen wurden; sie hatten aber in dem Bewußtsein gehandelt, nach vollbrachter Tat werde ihre etwaige Flucht durch eingetretene Verdunkelung begünstigt werden. Der Staatsanwalt hatte die Auffassung vertreten, daß das Verbrechen gegen die Volksschädlingsverordnung zur Vollendung gekommen sei. Das wäre anzunehmen gewesen, wenn schon der Diebstahlsversuch unter Ausnutzung der Verdunkelung vorgenommen worden wäre; im vorliegenden Falle war es aber weder zur Vollendung der Grundstraftat noch zur Ausnutzung der Verdunkelung gekommen. Die Urteilsformel hatte dahin zu lauten, daß die Täter wegen eines versuchten Verbrechens gegen § 242 StGB. in Verbindung mit § 2 VolksSchädl.-VO. schuldig seien. (III, 25. Juli 1940.)

Amtl. Sammlg. S. 246—249.

Vgl. Bd. 52 S. 75; Bd. 66 S. 394; Bd. 70 S. 201; Bd. 74 S. 62, 98, 137.

82. **Sudetenland.** (VO. vom 16. Januar 1939 § 18.) Wegen eines im Jahr 1933 vor einem Gericht des Sudetenlandes verübten Meineids erfolgte im Jahr 1940 Verurteilung nach deutschem Recht. Das Reichsgericht hob das Urteil auf. Auf Taten, die vor dem 1. März 1939 in den sudetendeutschen Gebieten begangen worden sind, ist das deutsche Strafrecht anzuwenden, wenn sie nach dem bisherigen Recht strafbar waren und am 1. März noch kein Strafverfahren ihretwegen anhängig war. Die Tat des Angeklagten war nach dem tschechischen Strafgesetz als Betrug, begangen durch einen falschen Eid, strafbar; der Angeklagte hatte aber den Schaden, den er angerichtet hatte, im Jahr 1937 wieder gutgemacht und war innerhalb der Verjährungszeit nicht mehr straffällig geworden. Demgemäß unterlag seine Straftat nach tschechischem Recht einer Verjährung von 5 Jahren mit der Wirkung, daß keine Untersuchung und keine Strafe mehr zulässig war (§§ 199 a, 204, 228 b, 230 Tschech. StG.). Am Stichtag war also schon Verjährung ein-

getreten. Die Anwendung deutschen Rechts hätte vorausgesetzt, daß die Tat am Stichtag nach tschechischem Recht verfolgbar gewesen wäre. (III, 1. August 1940.)

Amtl. Sammlg. S. 249—251.

83. **Beamter. Bestechung.** (StGB. §§ 332, 333, 359.) Bei der Verwaltung einer Universitätsklinik war ein Angestellter mit der Beschaffung und Verteilung der für die Klinik erforderlichen Lebensmittel beschäftigt. Er hatte die Verwaltung beim freihändigen Einkauf zu beraten, das Lager zu überwachen, die Lebensmittel auszugeben; auch bei der Entscheidung über die Vergebung der Lieferungen wurde er beigezogen. Die Fleisch- und Backwaren hatte er abzunehmen, für vertragsmäßige Lieferungen zu sorgen und etwaige Beanstandungen zu verfolgen. Er nahm von Lieferanten wiederholt Geschenke an, insbesondere dann, wenn er Beanstandungen der Lieferungen vorzubringen hatte. Seine Verurteilung wegen schwerer Bestechlichkeit wurde bestätigt. In der Stellung, die dem Angeklagten des Universitätskuratorium zugewiesen hatte, war er zu Dienstverrichtungen berufen, die aus der Staatsgewalt abzuleiten waren und staatlichen Zwecken dienten; das genügte, um ihn als Beamten im Sinne des Strafrechts erscheinen zu lassen. Daß er kündbar angestellt war und keine Aussicht auf Ruhegehalt hatte, und daß Geschäfte der Art, wie sie ihm oblagen, in ähnlicher Weise auch in Privatbetrieben vorkommen, war belanglos. Die Verwaltung staatlichen Vermögens ist immer als Ausfluß der Staatshoheit zu betrachten. Daß der Angestellte selbständige Entscheidungen zu treffen hat, gehört nicht zum Begriffe des Beamten; übrigens war dem Angeklagten eine selbständige Entscheidungsbefugnis im weiten Umfang eingeräumt. Die Lieferanten verfolgten mit ihren Zuwendungen den Zweck, den Angeklagten zu veranlassen, ihnen bei der Erfüllung ihrer laufenden Aufträge keine Schwierigkeiten zu machen. und an sich begründete Beanstandungen zu unterlassen, außerdem bei der Neuvergebung von Lieferungsaufträgen seine vorgesetzte Stelle zu ihren Gunsten zu beeinflussen. Daß er tatsächlich in diesem Sinne gehandelt und damit seine amtlichen Pflichten verletzt hatte, wurde nicht nachgewiesen, auch nicht, daß er dazu bereit gewesen wäre. Das

war aber für die Entscheidung ohne Bedeutung. Ein Beamter, der nach seinem Ermessen eine Entscheidung zu treffen hat, handelt pflichtwidrig, wenn er sich dabei nicht ausschließlich von sachlichen Gesichtspunkten leiten läßt, sondern der Rücksicht auf einen Vorteil Raum gewährt, den er von einem Beteiligten erhalten hat oder sich versprechen läßt; er verstößt schon dadurch gegen seine Amtspflicht, daß er an die Entscheidung nicht unbefangen, sondern mit der inneren Belastung herangeht, die für ihn in dem gewährten oder erwarteten Vorteil liegt. Wer einem Beamten einen Vorteil in dem erkennbaren Sinne zuwendet oder verspricht, der Empfänger werde sich hiedurch — und nicht durch sachliche Gesichtspunkte — bestimmen lassen, sein Ermessen zugunsten des Gebers auszuüben, mutet dem Beamten eine pflichtwidrige Amtshandlung zu. Das gilt auch dann, wenn der Beamte die erwartete Pflichtwidrigkeit nicht begeht, sogar dann, wenn er überhaupt nicht strafbar ist. Es genügt auch, daß sich der Geber den Erfolg, den er erwartet, nur als möglich vorgestellt hat; ob er die Bevorzugung, die er dem Beamten zumutet, als für diesen pflichtwidrig erkennt, ist rechtlich ohne Bedeutung. Auch bei dem Angeklagten wurde an dem Tatbestande der schweren Bestechlichkeit dadurch nichts geändert, daß er nicht innerlich entschlossen war, pflichtwidrig sein Ermessen durch die Vorteile beeinflussen zu lassen, die ihm die Lieferanten gewährten. Zum Tatbestande des § 332 StGB. gehört nur, daß der Vorteilgeber von dem Beamten als Gegenleistung eine pflichtwidrige Amtshandlung erwartet, daß der Beamte das erkennt und gleichwohl den Vorteil oder das Versprechen eines solchen mit Willen entgegennimmt, nicht auch, daß das Unternehmen der Bestechung Erfolg hat, daß der Beamte eine Amtspflichtwidrigkeit begeht, ja nicht einmal, daß er innerlich zu einer solchen Handlung bereit ist. Auch der beste Wille des Beamten, sich nicht beeinflussen zu lassen, wäre wirkungslos; schon die Möglichkeit, daß die gewährten oder versprochenen Vorteile darauf Einfluß gehabt haben, setzt die Entscheidung des Beamten in ihrem Werte für die Allgemeinheit herab und belastet sie mit einem unauslöschbaren Makel. (III, 31. August 1940.) Amtl. Sammlg. S. 251—256.

Vgl. Bd. 39 S. 193; Bd. 64 S. 291; Bd. 74 S. 105.

84. **Falsche Anschuldigung. üble Nachrede. Wahrnehmung berechtigter Interessen.** (StGB. §§ 164, 186, 193.) Ein Mann, der in einer Streitsache vor dem Kammergericht Berlin unterlegen war, erstattete gegen zwei an dem Verfahren beteiligte Richter Anzeige wegen Rechtsbeugung und machte ihnen zum Vorwurf, Zeugen beeinflußt und Urkunden gefälscht zu haben. Durch den Bescheid des Generalstaatsanwalts wurde er darauf hingewiesen, daß die eingehende Prüfung des Sachverhalts mangels jeglichen Tatverdachts keinen Anlaß zu einem Einschreiten gegeben habe. Darauf richtete er zwei Eingaben an den Präsidenten des Kammergerichts, worin er die Anschuldigung wiederholte, behauptete, die Richter hätten aus reiner überheblicher Selbstherrlichkeit, aus reaktionärer Gesinnung gehandelt, ferner Ausdrücke wie Lüge und Schwindel gebrauchte. Auch bei dem ihm vom Kammergerichtspräsidenten erteilten Bescheide beruhigte er sich nicht, richtete vielmehr an den Reichsjustizminister eine Eingabe, in der er den Generalstaatsanwalt und den Kammergerichtspräsidenten der Begünstigung der beiden Richter beschuldigte. Das Landgericht sprach ihn von der Anklage der falschen Anschuldigung frei mit der Begründung, er habe geglaubt, in dem gegen ihn ergangenen Urteil Fehler entdeckt zu haben. Das Reichsgericht verwies die Sache zurück. Für jeden, der eine Anzeige erstattet, besteht die Pflicht, die tatsächlichen Grundlagen seiner Behauptung sorgfältig zu prüfen, wenn er den Vorwurf der Leichtfertigkeit vermeiden will. Leichtfertig handelt danach, wer einen anderen einer strafbaren Handlung beschuldigt, obwohl er bei gewissenhafter, ihm möglicher und zumutbarer Prüfung hätte erkennen müssen, daß die Unterlagen für seine Behauptung unzuverlässig oder unzulänglich sind. Die vermeintliche Unrichtigkeit eines Urteils berechtigt den im Rechtsstreit Unterlegenen nicht, daraus den Schluß zu ziehen, der Richter habe ihm das Recht versagen wollen. Zum Tatbestande der Rechtsbeugung gehört, daß der Richter gewußt hat, er leite oder entscheide eine Rechtssache dem Recht zuwider, er begünstige eine Partei und benachteilige damit die andere; ferner gehört dazu, daß er trotz dieser Erkenntnis die dem Recht zuwiderlaufende Entscheidung gewollt hat. Es genügt also nicht, daß der, der die Anschuldigung der Rechts-

beugung erhebt, die Unrichtigkeit der Entscheidung darlegt; er muß auch begründeten Anhalt dafür haben, daß der Richter vorsätzlich, in bewußter und gewollter Verletzung der Gesetze, zu seinen Ungunsten entschieden hat. Es war rechtlich verfehlt, wenn das Landgericht den Vorwurf der Rechtsbeugung schon deshalb für gerechtfertigt hielt, weil der Angeklagte Unrichtigkeiten des Urteils in wichtigen Punkten festgestellt zu haben glaubte. Damit räumte es dem Angeklagten das Recht ein, seine Beurteilung der Rechtslage als allein maßgebend anzusehen. Die Erfahrung lehrt, daß niemand in eigener Sache ein verläßliches Urteil hat. Auch der rechtskundigen Partei kann nicht zugestanden werden, daß sie ihr Urteil ohne weiteres für verläßlicher halten darf als das Urteil des am Streite nicht beteiligten Richters. Unrichtig war es auch, daß das Landgericht das Urteil des Kammergerichts auf seine Richtigkeit nachprüfte, während es doch vor allem seine Aufgabe gewesen wäre festzustellen, welche einzelnen tatsächlichen Behauptungen der Angeklagte in seinen Eingaben aufgestellt hatte, sie auf ihre Richtigkeit nachzuprüfen und zu untersuchen, ob er die einzelnen Anschuldigungen wider besseres Wissen oder leichtfertig falsch erhoben hatte. Die Nachprüfung des Urteils des Kammergerichts auf die Richtigkeit seiner tatsächlichen Feststellungen hätte eine genaue Wiederholung des ganzen Verfahrens zur Voraussetzung gehabt; auch dann wäre das Ergebnis zweifelhaft gewesen, weil derselbe tatsächliche Streitstoff von verschiedenen Richtern unter Umständen verschieden beurteilt werden kann, ohne daß einem von ihnen ein Gesetzesverstoß oder gar eine vorsätzliche Rechtsbeugung zur Last fällt. Eine zuverlässige Wiederholung eines bürgerlichen Rechtsstreits in einem nach anderen Grundsätzen geregelten Strafverfahren ist bedenklich, wenn nicht gar unmöglich. Das Landgericht hatte bei seiner Würdigung des Urteils des Kammergerichts auch noch das Ergebnis der Hauptverhandlung in Strafsachen berücksichtigt, war also nicht von dem Tatbestand ausgegangen, der die Grundlage jenes Urteils bilden mußte. Es hatte dann ohne weiteres angenommen, der Angeklagte habe dieselben Fehler des Urteils festgestellt, die es selbst in unzulässiger Weise ermittelt hatte. Daraus hatte es gefolgert, der Angeklagte, der aus dem Urteil eine Rechtsbeugung zu entnehmen glaubte, habe auch ohne Leichtfertigkeit annehmen können, daß die Aussage des Zeugen absichtlich nicht genau aufgenommen worden sei. Diese Begründung war verfehlt, weil das Landgericht die Berechtigung des Angeklagten, aus dem Urteil auf eine Rechtsbeugung zu schließen, unzutreffend beurteilt und nicht einmal geprüft hatte, welchen tatsächlichen Anhalt der Angeklagte für diese Behauptung hatte. Selbst wenn die Anschuldigung, die der Angeklagte in seiner Anzeige erhoben hatte, nicht als strafbar nach § 164 StGB. erachtet worden wäre, hätte es der Prüfung bedurft, ob das auch für seine Eingaben an den Kammergerichtspräsidenten gelten konnte. Inzwischen war der Angeklagte durch den Bescheid des Generalstaatsanwalts darauf hingewiesen worden, daß jeglicher Tatverdacht mangelte. Hartnäckiges Festhalten an einem zunächst entschuldbaren Irrtum kann aber den Vorwurf des Vorsatzes oder der Leichtfertigkeit begründen. Zu dieser Prüfung bestand um so mehr Anlaß, als der Angeklagte nachher in der Eingabe an den Reichsjustizminister seine Anschuldigungen von neuem erhob. Die rechtsirrige Beurteilung der falschen Anschuldigung hob auch die Ausführungen der Strafkammer aus den Angeln, mit denen sie den Tatbestand der üblen Nachrede verneint hatte. Soweit eine falsche Anschuldigung mit übler Nachrede in Tateinheit vorliegt, entfällt die Anwendung des § 193 StGB. auch für diese. Eine Wahrnehmung berechtigter Interessen kam auch schon wegen der beleidigenden Form der Eingaben nicht in Frage. Der Schutz dieser Vorschrift versagte auch insoweit, als der Angeklagte seine Behauptungen leichtfertig aufgestellt hatte oder mit seinen Eingaben in einer gegen das Recht oder die guten Sitten verstoßenden Weise das Ziel verfolgte, die angerufenen Stellen zu einem Einschreiten zu zwingen, oder soweit er etwa gegen sich ein Strafverfahren herbeiführen wollte, um dann in diesem den Rechtsstreit wieder aufzurollen. (II, 4. Juli 1940.)

Amtl. Sammlg. S. 257—261.

Vgl. Bd. 25 S. 276; Bd. 60 S. 335; Bd. 63 S. 92; Bd. 71 S. 34, 174; JW. 1937 S. 1160.

85. **Volksschädling. Gesundes Volksempfinden. Ungerechtes Urteil. Revision.** (VolksSchädlVO. § 4; VO. vom

21. Februar 1940 § 34.) Wegen eines Verbrechens gegen § 4 VolksSchädlVO., begangen durch einen besonders verwerflichen Betrug gegenüber der Mutter eines in Polen vermißten Soldaten, wurde auf eine Zuchthausstrafe von 6 Jahren erkannt. Auf die Nichtigkeitsbeschwerde des Oberreichsanwalts, der nur Einwendungen gegen die Strafzumessung erhoben hatte, wurde das Urteil aufgehoben. Es enthielt insofern einen Fehler bei der Anwendung des Rechts auf die festgestellten Tatsachen, als einerseits der Angeklagte als Volksschädling verurteilt, andererseits aber auf eine Strafe erkannt worden war, die sich innerhalb des regelmäßigen Strafrahmens hielt. Daraus ergab sich, daß die Nichtigkeitsbeschwerde nicht auf das Strafmaß beschränkt war, obwohl mit ihr nur Einwendungen gegen die Strafzumessung erhoben wurden. Bei der besonderen Gestaltung der Straftat hing die Frage der Strafzumessung notwendig mit der den Tatbestand berührenden Frage zusammen, ob das gesunde Volksempfinden erforderte, den Täter wegen der besonderen Verwerflichkeit der Tat unter Überschreitung des regelmäßigen Strafrahmens zu bestrafen. Das Urteil war infolge dieses Rechtsfehlers auch ungerecht im Sinne des § 34 VO. vom 21. Februar 1940. Viel sprach dafür, daß bei richtiger rechtlicher Betrachtung des Sachverhalts nur lebenslanges Zuchthaus oder Todesstrafe dem Verschulden des Angeklagten angemessen waren. Ein Urteil ist nicht nur dann ungerecht, wenn der Tatrichter bei Vermeidung von Rechtsfehlern zu einem anderen Ergebnis hätte kommen müssen, sondern auch schon dann, wenn die Möglichkeit sehr nahe liegt, daß er bei zutreffender Würdigung des Sachverhaltes anders entschieden hätte. Die Frage, was das gesunde Volksempfinden erfordert, kann auch vom Revisionsgericht und im Verfahren über die Nichtigkeitsbeschwerde beantwortet werden. Das setzt aber grundsätzlich voraus, daß die tatsächlichen Feststellungen des angefochtenen Urteils dazu ausreichen. An dieser Voraussetzung fehlt es dann, wenn die Möglichkeit besteht, daß der Tatrichter infolge eines Rechtsfehlers Feststellungen zu treffen unterlassen hat, die für die Entscheidung der Frage von Bedeutung sein können. Die Sache wurde zurückverwiesen. (I, 5. Juli 1940.)

Amtl. Sammlg. S. 261—263.

86. **Devisenrecht. Anbietungspflicht. Überwachungspflicht. Erbengemeinschaft. Ausländische Erbschaft.** (DevG. 1935, §§ 21, 35, 44; DurchfVO. § 1.) Eine aus Prag stammende Jüdin schloß die Ehe mit einem arischen Reichsangehörigen. Für ihre Ehe galt der gesetzliche Güterstand des Bürgerlichen Gesetzbuches. Im Jahr 1936 starben ihre in Prag wohnenden Eltern. Sie hatte schon im Jahr 1931 durch Vertrag mit ihren Söhnen erster Ehe auf das Erbteil nach ihrem Vater verzichtet. Mit ihrem Ehemanne wurde sie wegen verschiedener Vergehen gegen das Devisengesetz 1935 verurteilt. Das Reichsgericht verwies die Sache zurück. Aus dem Nachlaß ihrer Mutter hatte die Angeklagte zwei Einlagebücher einer Bank in Prag durch Erbteilung überwiesen erhalten. Diese hätten der Reichsbank angeboten werden müssen. Sie hatte sich darauf berufen, daß die Teilung erst durch die nach österreichischem Recht erforderliche gerichtliche Einantwortung verbindlich werde und daß es zu einer solchen Einantwortung nicht gekommen sei. Die Durchführungsverordnung knüpft die Anbietungspflicht an den Erwerb. Man würde aber den devisenwirtschaftlichen Bedürfnissen und der Meinung des Gesetzgebers nicht gerecht, wollte man den Begriff des Erwerbs rein bürgerlichrechtlich nehmen und die tatsächliche Erlangung einer Herrenstellung nicht genügen lassen, wenn sie den bürgerlichrechtlichen Anforderungen an einen Rechtserwerb nicht entspricht. Es war auch gleichgültig, ob alle Erben an der Auseinandersetzung teilgenommen hatten und ob der Ehemann der Angeklagten zugestimmt hatte. Gegenüber dem väterlichen Nachlaß war die Anbietungspflicht der Angeklagten durch ihren Vertrag mit ihren Söhnen erster Ehe nicht ausgeschlossen worden. Der Zweck der Devisengesetze erfordert es, daß der Erwerber anbietungspflichtiger Werte sie auch dann anbietet, wenn er die schuldrechtliche Verpflichtung hat, sie einer anderen Person zu überlassen. Allerdings war in diesem Falle ganz besonders eingehend zu prüfen, ob sich die Angeklagte nicht in einem Irrtum über devisenrechtliche Vorschriften befunden hatte. In Frage kam auch, ob die Angeklagte nicht dadurch entschuldigt wurde, daß sie sich darauf verlassen hatte, ihr Ehemann als Verwalter und Nutznießer des eingebrachten Gutes werde die Anbietung besorgen. Ob

ein Angeklagter, der eine ihm obliegende Pflicht durch einen anderen erfüllen läßt, dabei seiner Sorgfaltspflicht genügt hat, muß in erster Reihe der Tatrichter entscheiden. Regelmäßig besteht für die Ehefrau, die eine ihr wegen ihres eingebrachten Gutes obliegende Verpflichtung durch ihren Ehemann ausführen läßt, keine Pflicht, ihm ausdrücklich Anweisung zu erteilen und die Ausführung zu überwachen. Umstände, die den Ehemann als unzuverlässig erscheinen lassen, müßten besonders dargelegt werden. Die Angeklagte hatte zusammen mit mehreren Miterben Aktien eines Unternehmens in Böhmen veräußert. Dafür wäre eine Genehmigung der deutschen Devisenstelle nötig gewesen. Unerheblich war, ob die Veräußerung mangels Einantwortung der Erben oder aus einem anderen Grunde bürgerlichrechtlich ungültig war. Für die Frage der Strafbarkeit kam es nur darauf an, ob die Angeklagte tatsächlich einen Zustand hergestellt hatte, wie ihn im ordentlichen Verkehr eine Veräußerung ausübt. (IV, 23. Juli 1940.) Amtl. Sammlg. S. 263—266.
Vgl. Bd. 73 S. 339; Bd. 74 S. 51.

87. **Geschlechtskrankheiten. Tateinheit. Gesetzeseinheit.** (GeschlKrG. §§ 7, 11.) Ein Heilbehandler nahm in einer Reihe von Fällen Personen, die an Geschlechtskrankheiten litten, in Behandlung, veröffentlichte auch eine kleine Schrift und einen Aufsatz, in denen er seine genaue Anschrift angab. Er wurde wegen verbotener Behandlung von Geschlechtskrankheiten (GeschlKrG. § 7 Abs. 2 Halbsatz 1) und wegen Erbieten zu verbotener Behandlung (§ 7 Abs. 2 Halbs. 2) verurteilt; beide Reihen von Vergehen wurden zu einem fortgesetzten Vergehen gegen § 7 zusammengefaßt. Das Reichsgericht erklärte das für möglich. Die in § 7 unter Strafe gestellten Tatbestände bilden nur verschiedene Erscheinungsformen eines einheitlichen Vergehens. Unrichtig war, daß das Landgericht auch noch Tateinheit mit § 11 GeschlKrG. (Ankündigung und Anpreisung von Mitteln, Gegenständen und Verfahren zur Heilung von Geschlechtskrankheiten) annahm. Durch § 11 wird der Kreis der durch § 7 mit Strafe bedrohten Handlungen erweitert und ergänzt. Für seine Anwendung ist kein Raum, wenn die Handlung schon einen Verstoß gegen § 7 darstellt. (II, 26. August 1940.) Amtl. Sammlg. S. 266—268.

88. **Krankenkasse. Beamter. Beleidigung.** (StGB. §§ 185, 196, 359; RVersO. § 377; RG. vom 5. Juli 1934 über den Aufbau der Sozialversicherung.) In einem Brief an eine Ortskrankenkasse wurde deren Geschäftsführung als Saustall bezeichnet. Das der Kasse vorgesetzte Versicherungsamt stellte Strafantrag sowohl für den Leiter der Kasse als für diese selbst. Das wurde — im Gegensatz zu der früheren Rechtsprechung — als zulässig anerkannt. Die Verfassung der öffentlichen Krankenkassen und ihr Einbau in das staatliche Gefüge ist durch das Gesetz über den Aufbau der sozialen Versicherung vom 5. Juli 1934 wesentlich geändert worden. Die Aufgaben der Träger der Reichsversicherung werden nunmehr durch Beamte wahrgenommen, die vom Reichsarbeitsminister oder von einer anderen Stelle, der er diese Befugnis überträgt, ernannt, in den Ruhestand versetzt und entlassen werden. Demgemäß sind die Leiter der Ortskrankenkassen als Beamte mindestens im strafrechtlichen Sinne anzusehen; Strafantrag wegen Beleidigung kann auch von ihrer vorgesetzten Stelle für sie gestellt werden. Die Fähigkeit, beleidigt zu werden, wird jetzt weitergehend als früher auch Personengesamtheiten zuerkannt; auch der für die Krankenkasse gestellte Strafantrag war demgemäß rechtsgültig. (I, 27. August 1940.) Amtl. Sammlg. S. 268—271. Vgl. Bd. 38 S. 17; Bd. 62 S. 24; Bd. 68 S. 120; Bd. 70 S. 140.

89. **Radio. Ausländischer Sender.** (VO. vom 1. September 1939 § 1.) Das Verbot des Abhörens ausländischer Sender gilt ohne jede Einschränkung; auch das Abhören von Musik, die von einem Sender der Feindstaaten oder der neutralen Staaten gesendet wird, fällt darunter. Auch in musikalische Darbietungen können politische Werbemittel eingestreut werden; die Zulassung des Abhörens von ausländischen Musiksendungen könnte auch als bequeme Ausrede dienen. Ein Irrtum in dieser Hinsicht wäre unbeachtlich. (IV, 27. August 1940.)
Amtl. Sammlg. S. 271—273.

90. **Gefährdung. Schiffahrt. Unterlassung.** (StGB. §§ 315, 316.) Ein Schiff, das zufolge verschiedener Mängel nicht mehr seetüchtig war, wurde trotzdem in Fahrt gestellt. Der Verurteilung aus § 315 StGB. wurde entgegengehalten, daß durch dieses Verhalten die Schiff-

fahrt nicht gefährdet worden sei. Das Reichsgericht erklärte diese Auslegung für falsch. § 315 StGB. in der Fassung vom 28. Juni 1935 schützt nicht nur die Schiffahrt im ganzen, sondern auch jedes einzelne Schiff. Eisenbahn, Schwebebahn, Schiffahrt und Luftfahrt sollten durch die neue Vorschrift gleichmäßig geschützt werden. Die §§ 323, 324 StGB. a. F. nahmen nur das einzelne Schiff in Schutz; es besteht kein Anhalt dafür, daß durch die neue Fassung dieser Schutz abgeschwächt werden sollte. Für den Eisenbahnbetrieb ist schon entschieden worden, daß die Vorschrift den Betrieb in allen seinen Teilen schütze, das einzelne Fahrzeug, die Beförderungsmittel, die Beförderungsgegenstände, die Fahrgäste und die im Dienst eingesetzten Gefolgschaftsmitglieder. In gleicher Weise wird auch die Schiffahrt in Schutz genommen. (III, 31. August 1940.)

Amtl. Sammlg. S. 273—275.

Vgl. Bd. 3 S. 415; Bd. 14 S. 135; Bd. 16 S. 66; Bd. 22 S. 343; Bd. 42 S. 301.

91. **Pflichtjahrmädchen. Erzieher.** (StGB. § 174.) An einem 16 Jahre alten Pflichtjahrmädchen nahm der Haushaltungsvorstand unzüchtige Handlungen vor. Die Frage, ob er als Erzieher des Mädchens anzusehen sei, wurde bejaht. Schon in regelmäßigen Hausangestelltenverhältnissen ist gegenüber noch so jugendlichen Angestellten der Haushaltungsvorstand als Erzieher anzusehen, wenn er nach den Umständen und nach gesundem Volksempfinden sich für die gesamte Lebensführung der Angestellten verantwortlich fühlen muß. Nach den Anschauungen des Dritten Reiches ist es eine besonders wichtige Gemeinschaftsaufgabe, keine bietende Gelegenheit zu versäumen, um jugendliche deutsche Menschen zur späteren Erfüllung ihrer Pflichten gegenüber dem Volk und gegenüber der Familie als der Urzelle des Volkskörpers durch geeignete Unterweisung und Erziehung tüchtig und innerlich bereit zu machen. Eine Gelegenheit dieser Art ist das Pflichtjahr. Als Vorbedingung für den Übergang in andere Berufe wird das Pflichtjahr nicht völlig freiwillig, sondern unter dem Zwang einer vom Staat auferlegten Pflicht geleistet; wenn ein Mädchen diese Pflicht erfüllt, zumal noch in früher, bildsamer Jugend, gebührt ihm ein besonderer Schutz gegen die Gefahren,

die der Austritt aus dem Elternhaus und der Eintritt in eine fremde Hausgemeinschaft mit sich bringen. (I, 6. September 1940.) Amtl. Sammlg. S. 275—278.
Vgl. Bd. 71 S. 274; JW. 1939 S. 145.

92. **Rassenschande. Protektorat.** (Erl. vom 16. März 1939; BlutSchG. § 5; 1. AusfVO. § 16.) Gegenüber fremden Staatsangehörigen ist die Verfolgung wegen eines Verbrechens oder Vergehens gegen das Blutschutzgesetz nur mit Zustimmung der Reichsminister der Justiz und des Innern zulässig. Unter fremden Staatsangehörigen im Sinne dieser Vorschrift können nur Personen verstanden werden, die dem Schutz einer ausländischen Regierung unterstehen. Zu diesen Personen zählen Angehörige des Protektorates Böhmen und Mähren nicht; das Protektorat gehört zu dem Gebiete des Großdeutschen Reiches und seine Angehörigen genießen den Schutz des Reiches, auch soweit sie nicht Volksdeutsche sind. (I, 10. September 1940.) Amtl. Sammlg. S. 278.

93. **Kraftfahrzeugverkehr. Entsprechende Anwendung. Mißbrauch.** (StGB. § 2; KraftFahrzG. § 23; VO. vom 6. September 1939 §§ 1, 4.) Ein Kraftwagen, der zur Weiterbenutzung gemäß der Verordnung vom 6. September 1939 zugelassen und dementsprechend besonders gekennzeichnet war, wurde zu einer Vergnügungsfahrt verwendet. Das Reichsgericht bestätigte das auf Strafe hiewegen lautende Urteil. Ausdrücklich ist allerdings mit Strafe nur bedroht, wer Kraftfahrzeuge benutzt, die nicht für die Weiterbenutzung zugelassen sind. Die Anordnung bezweckt aber, den Kraftfahrzeugverkehr einzuschränken, um den Verbrauch an Kraftstoff, Reifen und Ersatzteilen herabzudrücken und so den durch den Krieg bedingten Bedarf an diesen Gegenständen und Sachen sicherzustellen. In ebenso strafwürdiger Weise vergeht sich aber der Kraftfahrer, der zwar einen gekennzeichneten Wagen fährt, ihn aber schuldhafterweise zu Fahrten benutzt, die nicht durch das öffentliche Interesse an der Weiterbenutzung gefordert werden, das zu der Kennzeichnung geführt hat. Der Grundgedanke der Verordnung und das gesunde Volksempfinden erfordern es, ihn so zu bestrafen wie den, der einen nicht gekennzeichneten Wagen fährt. (III, 12. September 1940.) Amtl. Sammlg. S. 279—281.

94. **Gewaltverbrechen. Waffe. Gefährliches Mittel.** (GewVerbrVO. § 1.) Ein Bursche überfiel auf offener Landstraße ein Mädchen, das mit gefüllter Einkaufstasche des Weges kam, zog es vom Rade, warf es zu Boden und mißhandelte es, indem er es mit dem beschuhten Fuße an den Hinterkopf trat, mit einem harten Gegenstande auf den Kopf schlug und am Halse würgte. Er wurde auf Grund der Verordnung gegen Gewaltverbrecher verurteilt. Die Revision hatte keinen Erfolg. Unrichtig war allerdings, daß das Landgericht den beschuhten Fuß des Täters als eine Stoßwaffe und den von ihm verwendeten Gegenstand als Hiebwaffe ansah. Als Waffen im Sinne der Verordnung kommen nur die Waffen im eigentlichen Sinne in Betracht, also Werkzeuge, die ihrer Natur nach dazu bestimmt sind, zu verletzen. Was nur nach dem Willen des Täters im einzelnen Falle zu diesem Zwecke benutzt wird, fällt nicht darunter. Ob in der Art, wie der Angeklagte diese Werkzeuge gebraucht hatte, die Anwendung gleich gefährlicher Mittel zu finden war, ließ sich auf Grund der Feststellungen des angefochtenen Urteils nicht mit hinreichender Sicherheit erkennen. Der Rechtsfehler, der dem Landgericht unterlaufen war, gab aber keinen Anlaß zur Aufhebung des Urteils, weil nach dessen weiteren Feststellungen das Würgen am Halse als ein gleich gefährliches Mittel zur Begehung des Raubes anzusehen war. Daß der Gesetzgeber bei dieser Begehungsform nur an Mittel gedacht hätte, die außerhalb des Körpers des Angreifers gelegen sind, die bloße Anwendung der eigenen Körperkraft aber hätte ausschließen wollen, war nicht anzunehmen; eine solche Auslegung würde dem Zwecke der Verordnung zuwiderlaufen. (III, 12. September 1940.) Amtl. Sammlg. S. 281—283.

95. **Meineid. Beihilfe. Unterlassung.** (StGB. §§ 49, 154.) In einem Rechtsstreit auf Rückgabe eines Darlehens benannte der Kläger seine Frau als Zeugin dafür, daß er das Darlehen gegeben hatte. Sie wurde eidlich vernommen und bestätigte die Behauptung. In dem daraufhin eingeleiteten Strafverfahren wurde die Frau wegen Meineid, der Mann wegen Betrug verurteilt. Das Reichsgericht hob das Urteil auf, weil der Mann nicht auch wegen Beihilfe zum Meineid verurteilt worden war. Den Feststellungen des Landgerichts war zu entnehmen,

daß die Frau den Entschluß zum Meineid ohne Anstiftung ihres Mannes gefaßt hatte. Für die Annahme einer Beihilfe genügte es aber, daß er ihn irgendwie gefördert hatte, indem er äußere Umstände für die Tat günstiger gestaltete oder ihr Hindernisse aus dem Wege räumte oder fernhielt. Beihilfe zum Meineid konnte nach dem äußeren Tatbestande schon darin gefunden werden, daß der Angeklagte seine Frau dem Gerichte als Zeugin benannte und hierdurch ihre gerichtliche Ladung veranlaßte. Gehilfe beim Meineid konnte der Angeklagte weiter gewesen sein, wenn er den falschen Schwur seinerseits nicht verhinderte. Beihilfe kann auch durch Unterlassung begangen werden, wenn eine Rechtspflicht zum Handeln besteht. Eine solche Rechtspflicht ergab sich für den Angeklagten daraus, daß er seine Frau durch ihre Benennung als Zeugin in die gefährliche Lage gebracht hatte, seine unrichtige Darstellung, gleichviel, aus welchen Beweggründen, durch eine falsche, eidliche Aussage zu unterstützen. Wer eine solche Gefahr herbeiführt, ist verpflichtet, den aus ihr drohenden Nachteil abzuwenden, soweit er dazu in der Lage ist. Seiner Ehefrau gegenüber oblag das dem Angeklagten schon kraft der aus der Ehe für ihn sich ergebenden Beistandspflicht. Möglichkeiten hiefür waren mehrere gegeben. Der Angeklagte konnte auf die Vernehmung seiner Frau verzichten; er konnte auch auf sie einwirken, bei der Vernehmung nur die Wahrheit zu sagen. Falls er bei der Vernehmung anwesend war, konnte er vor der Vernehmung seine Behauptung richtig stellen. Machte er von keiner dieser Möglichkeiten Gebrauch, so konnte allerdings seine Frau darin eine Ermunterung finden, in ihrem Vorhaben, einen Meineid zu leisten, nicht wankend zu werden. Die Pflicht des Angeklagten zur Verhütung des Meineids entfiel nicht auch schon dann, wenn er ihr nur durch Offenbarung seiner Lüge hätte nachkommen können und sich dadurch der Gefahr einer Strafverfolgung wegen Prozeßbetrug ausgesetzt hätte. Die Rechtsordnung muß verlangen, daß man, wenigstens in der Regel, eher die Sühne für begangenes eigenes Unrecht auf sich nimmt, als tatenlos neues Unrecht von einem Volksgenossen begehen läßt, das man in seinem Ursprunge selbst gefördert hat. Zur inneren Tatseite gehörte, daß der Angeklagte mit der Vereidigung seiner Frau gerechnet hatte und auch für diesen Fall mit ihrer unwahren Aussage einverstanden gewesen war. Wäre er bei der Eidesleistung zugegen gewesen, so hätte das bereits als Einverständnis genügen können. Außerdem mußte der Angeklagte das Bewußtsein gehabt haben, durch sein Verhalten das Meineidsvergehen seiner Frau zu fördern. Der Angeklagte konnte sich auch nicht darauf berufen, er habe seine Pflicht, den Meineid zu verhindern, nicht gekannt; ein Irrtum hierüber wäre unbeachtlich gewesen. (III, 16. September 1940.)

Amtl. Sammlg. S. 283—287.

Vgl. Bd. 68 S. 99; Bd. 72 S. 20.

96. **Kriegswirtschaft. Beiseiteschaffen. Bedarfsgefährdung. Böswilligkeit.** (KrWirtschVO. 1939 § 1; VO. zur vorläufigen Sicherung des lebenswichtigen Bedarfes des deutschen Volkes § 9.) Eine Frau erwarb ohne Bezugschein eine größere Zahl von Strickjacken und verkaufte sie ohne Bezugschein weiter. Das Landgericht nahm an, daß sie dadurch Erzeugnisse, die zum lebenswichtigen Bedarf der Bevölkerung gehörten, beiseitegeschafft und dadurch die Deckung dieses Bedarfs gefährdet habe. Das Reichsgericht billigte diese Auffassung. Die unter Bezugscheinpflicht gestellten Spinnstoffwaren, unter die auch die Jacken fielen, stellen Erzeugnisse dar, die zum lebenswichtigen Bedarf der Bevölkerung gehören; das Herausnehmen aus dem für die Deckung des Bedarfs der Bevölkerung vorgesehenen Verteilungsgange war als Beiseiteschaffen anzusehen. Eine Gefährdung der Bedarfsdeckung war gegeben, da es sich um eine größere Menge von bezugsbeschränkten Erzeugnissen handelte. Auch böswilliges Handeln war nach dem Sachverhalt zu bejahen, weil die Angeklagte sich bei der Tat darüber klar gewesen war, daß sie durch das Beiseiteschaffen der Ware die Deckung des Bedarfs der Bevölkerung an diesen Gegenständen gefährdete, und dennoch die Tat vornahm. Daß sie sich auf diese Weise einen unerlaubten Gewinn verschaffte, war nicht notwendig. (II, 19. September 1940.)

Amtl. Sammlg. S. 287—290.

Vgl. Bd. 72 S. 118.

97. **Kriegswirtschaft. Beiseiteschaffen. Ausnutzung des Kriegszustandes. Urkundenfälschung. Falsche Beurkundung. Volksschädling.** (StGB. §§ 267, 268, 271; VolksSchädlVO.

§ 4; RMeldO. vom 6. Januar 1938; WarVerkO. § 12; VO. vom 27. August 1939 über die öffentliche Bewirtschaftung von landwirtschaftlichen Erzeugnissen § 34; VO. vom 6. April 1940 über bezugsbeschränkte Erzeugnisse §§ 1, 2.) Eine alleinstehende Frau meldete im März 1940 eine fünfköpfige Familie als in ihrer Wohnung zugezogen an. Das polizeiliche Melderegister wurde dementsprechend ergänzt. Mit der Meldebestätigung begab sie sich zum Ernährungsamte; dieses legte auf ihren Antrag eine entsprechende Haushaltkarte an. Auf Grund dieser Haushaltkarte erhielt sie für die folgenden zwei Monate die Lebensmittelkarten ausgehändigt; sie bestätigte den Empfang mit dem Namen des angeblichen Haushaltsvorstandes. Die so erschlichenen Karten benutzte sie zum Bezug von Lebensmitteln. Sie wurde wegen Urkundenfälschung, mittelbarer Falschbeurkundung und Vergehen gegen die Wirtschaftsverordnungen verurteilt. Das Reichsgericht verwies die Sache zurück. Durch die unrichtige Anmeldung und die entsprechende Eintragung im polizeilichen Melderegister wurde der Tatbestand der mittelbaren Falschbeurkundung nicht verwirklicht. Das Melderegister der preußischen Polizeibehörden ist kein öffentliches Register im Sinne des § 271 StGB. Möglicherweise lag aber der Tatbestand einer Urkundenfälschung vor, indem die Angeklagte den Anmeldeschein wahrheitswidrig ausfüllte, mit fremdem Namen unterzeichnete und der Polizei vorlegte. Wenn die Angeklagte die Tat als Mittel wollte, um Bezugskarten über den ihr zustehenden Umfang hinaus zu erlangen, lag darin das Erstreben eines Vermögensvorteils, so daß schwere Urkundenfälschung in Frage kam. Schwere Urkundenfälschung hatte das Landgericht mit Recht in den beiden Bestätigungen erblickt, welche die Angeklagte über den Empfang der Bezugskarten abgegeben hatte. Ungenügend begründet war aber die Annahme von zwei selbständigen Verbrechen. Es war nicht ausgeschlossen, daß die Angeklagte von vornherein mit dem Willen tätig wurde, auf Grund unrichtiger Unterlagen fortlaufend ihr nicht zustehende Bezugskarten gegen Bestätigung unter falschem Namen zu erlangen; dann konnten die beiden Bestätigungen unter sich und vielleicht auch mit der Fälschung der polizeilichen Anmeldung im Fortsetzungszusammenhange stehen. Die Verordnung vom 6. April 1940 über Strafen und Strafverfahren bei Zuwiderhandlungen gegen Vorschriften auf dem Gebiete der Bewirtschaftung bezugsbeschränkter Erzeugnisse galt zu der Zeit, da die Angeklagte ihre Taten beging, noch nicht. Das Landgericht hatte die Verordnung vom 18. August 1939 über den Warenverkehr in Verbindung mit der Verordnung vom 27. August 1939 über die öffentliche Bewirtschaftung von landwirtschaftlichen Erzeugnissen in Anwendung gebracht, indem es annahm, daß die Angeklagte dem Ernährungsamte auf Erfordern unrichtige Auskunft erteilt habe. Das Reichsgericht erklärte das für richtig, da das Ernährungsamt vor Ausstellung der Haushaltkarten mindestens stillschweigend Auskunft über die Bezugsberechtigung der Angeklagten verlangt hatte; es wies aber auf die Notwendigkeit hin, zu prüfen, ob nicht gemäß § 2a StGB. die Verordnung vom 6. April 1940 als das mildere Gesetz anzuwenden war. In dem Bezug der Lebensmittel auf Grund der erschlichenen Bezugskarten hatte das Landgericht eine selbständige strafbare Handlung gefunden; die Strafbestimmungen waren den Verordnungen über den Warenverkehr und über die öffentliche Bewirtschaftung landwirtschaftlicher Erzeugnisse entnommen worden. Die Berechtigung der Angeklagten, auf die erschlichenen Bezugskarten Lebensmittel zu beziehen, wäre auch dann zu verneinen gewesen, wenn man auf das Recht der Verbrauchsregelung den im Devisenrecht anerkannten Rechtsgedanken übertragen wollte, daß auch eine erschlichene behördliche Genehmigung rechtswirksam ist. Die behördliche Genehmigung deckt nur die Ausführung des genehmigten Geschäftes; die hier genehmigten Bezugskarten waren aber nicht für die Angeklagte, sondern für die von ihr fälschlich angemeldete Familie ausgestellt. Da die Angeklagte den Bezug auch nach Erlaß der Verordnung vom 6. April 1940 fortgesetzt hatte, war zu prüfen, ob nicht diese Verordnung zur Anwendung kam. Die Anwendung der Vorschriften der Verordnung gegen Volksschädlinge hatte das Landgericht abgelehnt mit der Begründung, daß Zuwiderhandlungen gegen kriegswirtschaftliche Vorschriften begrifflich den Kriegszustand voraussetzten, ihre Verletzung also nicht schwerer strafbar sein könne, wenn sie unter Ausnutzung der durch den Kriegszustand verursachten außergewöhnlichen Verhältnisse begangen werde. Das Reichsgericht erkannte als richtig an, daß von einer Ausnutzung der durch den Kriegszustand verursachten außergewöhnlichen Verhältnisse nur dann gesprochen werden könne, wenn sie das Begehen der strafbaren Handlung irgendwie begünstigen oder erleichtern; es müssen also besondere, in dem Kriegszustande begründete Umstände vorliegen, die in den Tatbestandsmerkmalen der Kriegsstraftat an sich noch keine Berücksichtigung gefunden haben. Das konnte zutreffen, wenn die Angeklagte den Mangel an eingearbeiteten Kräften bei der Polizeibehörde oder dem Ernährungsamte gekannt und diesen Umstand in ihren Willen aufgenommen hatte. (III, 23. September 1940.) Amtl. Sammlg. S. 290—296. Vgl. Bd. 12 S. 228; Bd. 50 S. 277; Bd. 52 S. 154; Bd. 60 S. 152; Bd. 71 S. 366; Bd. 74 S. 141.

98. **Falsche Angaben. Verschleierung. Ablehnung eines Richters.** (VersAufsG. §§ 134, 143; StPO. §§ 28, 344, 345.) Um die Genehmigung zum Betrieb einer Versicherungsunternehmung zu erlangen, wurden der Aufsichtsbehörde gegenüber deren Vermögenswerte wesentlich höher angegeben, als sie waren. Das Reichsgericht entschied, daß darin ein Machen falscher Angaben zu finden sei. Zwischen den Begriffen der falschen Angaben (§ 134 VersAufsG.) und der Verschleierung (§ 143 Vers.-AufsG.) läßt sich keine scharfe Grenze ziehen; eine Verschleierung, die dazu dient, um für die Entscheidung der Aufsichtsbehörde wesentliche Umstände zu verdecken, ist im Gesamtbild eine falsche Angabe. Dem Machen falscher Angaben ist das Verschweigen erheblicher Umstände gleichzustellen. — Der Angeklagte hatte einen Richter des erkennenden Gerichtes abgelehnt; der Antrag war zurückgewiesen worden. Die Ausführungen, die der Verteidiger in der Revisionsbegründung hiezu gemacht hatte, waren vom Angeklagten selbst in einer Eingabe ergänzt worden. Das Reichsgericht erklärte diese Ergänzung für unbeachtlich. Der Beschluß, durch den die Ablehnung für unbegründet erklärt wurde, konnte nur mit dem Urteil, also in der gleichen Weise wie dieses, angefochten werden. Für die Begründung der Beschwerde gelten also die gleichen Vorschriften wie für die Begründung der Revision; sie mußte also in einer vom Verteidiger oder einem Rechtsanwalt unterzeichneten Schrift enthalten sein oder zur

Niederschrift der Geschäftsstelle abgegeben werden. Daß der Verteidiger und der Urkundsbeamte auf die schriftlichen Ausführungen des Angeklagten Bezug genommen hatten, genügt nicht. (III, 26. September 1940.)

Amtl. Sammlg. S. 296—298.

Vgl. Bd. 22 S. 195; Bd. 26 S. 66; Bd. 37 S. 433; Bd. 41 S. 293; Bd. 49 S. 340.

99. **Volksschädling. Ausnutzung der Verdunkelung.** (VolksSchädlVO. § 2.) Ein Einbruchdiebstahl wurde vor Eintritt der Verdunkelung ausgeführt; bei der Entfernung vom Tatorte kam dem Täter die inzwischen eingetretene Verdunkelung zustatten. Gegen die Anwendung der Verordnung gegen Volksschädlinge bestand Bedenken. Unter Begehung der Tat im Sinne des § 2 VolksSchädl.-VO. ist der gesamte Geschehensablauf zu verstehen, also nicht nur etwaige Vorbereitungshandlungen, sondern auch noch der Rückweg vom Tatorte und die Wegschaffung und Sicherung der Beute. Von einer bewußten Ausnutzung der Verdunkelung kann aber nur dann die Rede sein, wenn der Angeklagte in dem Bewußtsein, daß die Verdunkelung seine Tat erleichtere, sich zu ihr entschlossen hat. Dazu genügt, daß er den Entschluß der Ausnutzung erst nach Beginn der Ausführungshandlungen, aber vor der Vollendung der Tat gefaßt hat; er muß sich mindestens bei der Ausführung der Tat bewußt gewesen sein, daß die Verdunkelung die Beendigung der Tat irgendwie erleichtere. Die Frage, wann der Diebstahl vollendet, also der fremde Gewahrsam gebrochen ist, hat der Tatrichter zu entscheiden. Ob im vorliegenden Falle alle Merkmale gegeben waren, die hienach zum inneren Tatbestande gehören, war dem Urteile nicht zu entnehmen. Wenn der Angeklagte erst nach der Vollendung des Diebstahls, also nach der Aneignung der gestohlenen Sachen, sich entschlossen hatte, die Tat unter Ausnutzung der Verdunkelung zu beendigen, reichte das für den inneren Tatbestand nicht aus. (V, 26. September 1940.)

Amtl. Sammlg. S. 299—300.

Vgl. Bd. 52 S. 75; Bd. 58 S. 154, 226; Bd. 60 S. 67, 265; Bd. 66 S. 95, 394; Bd. 74 S. 246.

100. **Kriegswirtschaft. Zeitgesetz. Bezieher. Abnehmer. Versuch.** (StGB. §§ 2 a, 43; VO. vom 27. August 1939 über die vorläufige Sicherung des lebenswichtigen Be-

darfes § 9; VO. vom 14. November 1939 über die Verbrauchsregelung für die lebenswichtigen gewerblichen Erzeugnisse § 12; Verbrauchsregelungsverordnung vom 6. April 1940 § 15.) Eine Frau kaufte, ohne Bezugscheine zu besitzen, Kleidungsstücke, beließ sie aber zunächst beim Verkäufer, weil sie abgeändert werden sollten. Sie wurde wegen Versuch des Vergehens gegen § 9 VO. vom 27. August 1939 verurteilt. Zu dem durch diese Verordnung unter Strafe gestellten Beziehen (Abgeben) bezugscheinpflichtiger Waren gehört das Erlangen (Überlassen) der tatsächlichen Verfügungsgewalt, die Möglichkeit unmittelbarer, wenn auch nicht alleiniger Einwirkung auf die Sache. Dieser Tatbestand war noch nicht voll erfüllt. Zur Zeit der Aburteilung war die Verordnung vom 27. August 1939 außer Wirksamkeit getreten. Das Reichsgericht erklärte, daß die Verordnung als ein Zeitgesetz zu erachten sei, wenn sie auch nicht für einen kalendermäßig bestimmten Zeitraum erlassen worden war; es genügte, daß sie von vornherein mit Rücksicht auf außergewöhnliche Verhältnisse nur für deren Dauer gelten wollte und nach Änderung dieser Verhältnisse aufgehoben wurde. Sie hatte sich selbst nur als Verordnung zur vorläufigen Sicherstellung, also als vorübergehende Maßnahme bezeichnet. (IV, 27. September 1940.)

Amtl. Sammlg. S. 300—302.

101. **Verleitung zum Meineid.** (StGB. § 159.) Dem äußeren Tatbestande nach kann ein Verbrechen gegen § 159 StGB. auch dann vorliegen, wenn für den Fall, daß der andere den ihm zugemuteten Meineid wirklich geleistet hätte, die Merkmale einer strafbaren Anstiftung hierzu nicht erfüllt worden wären, weil z. B. der andere schon ohnehin zur Leistung des Meineides entschlossen war. Zum inneren Tatbestande gehört in einem solchen Falle, daß der Täter von der schon vorhandenen Entschlossenheit des anderen, den Meineid zu leisten, nichts weiß; es genügt nicht, wenn er ihn in der Absicht, den Meineid zu leisten, nur bestärken will. Bedingter Vorsatz reicht aber aus; er ist auch dann zu bejahen, wenn der Täter zwar den Entschluß des anderen kennt und bestärken will, aber doch damit rechnet, daß dieser in seinem Entschlusse wankend werden könnte und für diesen Fall auf dessen künftige Entschließung einzuwirken sucht.

(V, 8. Oktober 1940.) Amtl. Sammlg. S. 303—304. Vgl. Bd. 23 S. 223; Bd. 64 S. 223; JW. 1936 S. 2807.

102. **Bestellung eines Verteidigers.** (ZustVO. vom 21. Februar 1940, § 32.) Ein wegen Verbrechen gegen die Sittlichkeit angeklagter Mann beantragte die Stellung eines Verteidigers. Der Antrag wurde abgelehnt mit der Begründung, daß der Angeklagte, wenn auch schwer kriegsbeschädigt, doch geistig vollkommen gesund sei, die Taten zugestanden habe, die Rechtslage keine besonderen Schwierigkeiten biete, er sich also selbst verteidigen könne. In der Hauptverhandlung stellte sich heraus, daß das Nervensystem des Angeklagten durch seine schwere Kriegsverletzung (ein Bein war ihm abgenommen, das andere verkrüppelt) zerrüttet war. Er wurde entsprechend der Anklage verurteilt. Das Reichsgericht verwies die Sache zurück. Der Vorsitzende hat für das ganze Verfahren oder für einen Teil des Verfahrens einen Verteidiger zu bestellen, wenn wegen der Schwere der Tat oder wegen der Schwierigkeit der Sach- oder Rechtslage die Mitwirkung eines Verteidigers geboten ist und der Angeschuldigte seiner Persönlichkeit nach sich nicht selbst verteidigen kann. Beim Angeklagten kam von vornherein in Frage, ob er bei seiner starken körperlichen Behinderung in der Lage war, seine Verteidigung genügend vorzubereiten. Nachdem sich in der Hauptverhandlung gezeigt hatte, daß er auch nervenleidend war, hätte geprüft werden müssen, ob nicht nunmehr die Bestellung eines Verteidigers geboten war. Sein Geständnis hatte der Angeklagte schon vor der Hauptverhandlung widerrufen. (II, 7. Oktober 1940.) Amtl. Sammlg. S. 304—307. Vgl. Bd. 68 S. 35.

103. **Volksschädling. Jugendlicher Schwerverbrecher.** (VO. vom 4. Oktober 1939 § 1; VolksSchädlVO. § 4.) Ein 17jähriges Mädchen, das unter Ausnutzung der Lebensmittelknappheit und der durch den Kriegszustand verursachten außergewöhnlichen Verhältnisse eine Reihe von Betrügereien und Urkundenfälschungen begangen hatte, wurde zu 10 Jahren Zuchthaus verurteilt. Das Reichsgericht verwies die Sache zurück. Für die Anwendung der Verordnung gegen jugendliche Schwerverbrecher genügte es nicht, wenn das Urteil ausführte, daß die Angeklagte körperlich entwickelt sei und bei der Begehung

der Straftaten eine starke Gerissenheit an den Tag gelegt habe; der Grundgedanke der Verordnung liegt in der Heraushebung eines besonderen Tätertyps, nämlich des frühreifen jugendlichen Verbrechers, dem auf der Stirne geschrieben steht, daß er zu einem ausgesprochenen Asozialen werde. Hierfür hätte es eines gründlichen Eingehens auf das Vorleben der Angeklagten bedurft. Was in dem angefochtenen Urteil über die Verwerflichkeit der Taten, die Hinterhältigkeit der Ausführung, die große Zahl der Geschädigten gesagt war, genügte wohl für die Begründung einer erheblichen Strafe im allgemeinen Strafrahmen, offenbarte aber nicht, weshalb das gesunde Volksempfinden die Überschreitung des ohnehin weit gespannten gewöhnlichen Strafrahmens erforderte. Bei der bisherigen Straflosigkeit der Angeklagten und dem geringen Betrag des angerichteten Schadens (im ganzen etwa 100 *RM*) hätte es eines näheren Eingehens auf die persönlichen Anlagen, das Verhalten gegenüber erzieherischen Maßnahmen, die allgemeine Stellung zur Mit- und Umwelt bedurft, um die Angeklagte als Volksschädling zu kennzeichnen. Es kam nicht entscheidend darauf an, daß die Angeklagte zur Zeit der Tat in ihrer körperlichen und geistigen Entwicklung einer Achtzehnjährigen gleichkam, sondern darauf, ob sich die Frühreife der Jugendlichen bei der Tat in stark entwickelter sittlicher Verderbtheit und besonders verwerflicher verbrecherischer Gesinnung gezeigt hatte. Betrügereien, wie sie die Verurteilte verübt hatte, sind erfahrungsgemäß bei Jugendlichen nichts Ungewöhnliches, die aus dem erzieherischen Einfluß der Familie losgelöst und vorübergehend auf eigene Füße gestellt, in Verhältnisse geraten, die ihnen das Verlassen des rechten Weges leicht machen. Da die Notwendigkeit beschleunigter Aburteilung nach Lage des Falles nicht mehr bestand, wurde die Sache nicht an das Sondergericht, sondern an das Landgericht zurückverwiesen. (V, 10. Oktober 1940.)

Amtl. Sammlg. S. 307—309.

Vgl. Bd. 74 S.151.

104. Fürsorgepflicht. Gesetzeseinheit. (StGB. §§ 223 a, 226.) Ein Bauer kaufte zu seinem Anwesen ein kleines anderes Anwesen aus einem Nachlaß hinzu und übernahm dabei die Verpflichtung, für den geistesschwachen Bruder des Erblassers zu sorgen. Dieser wohnte in einem kleinen Hause auf dem Anwesen, das etwa 300 Meter von dem Hause des Käufers entfernt lag. Während des Sommers kam er dorthin zum Essen, während des Winters wurde es ihm in seine Wohnung gebracht. Im August 1939 wurde der Käufer zum Heeresdienst einberufen; seine Ehefrau hatte nunmehr neben dem Haushalt auch die Landwirtschaft zu besorgen. Sie brachte während des folgenden Winters dem Bruder des Vorbesitzers regelmäßig das Essen, kümmerte sich aber nicht weiter um ihn. Da seine Wohnung nicht heizbar war, starb er unter Einwirkung der Kälte. Die Ehefrau des Anwesenbesitzers wurde wegen gefährlicher Körperverletzung mit Todesfolge verurteilt. Ihre Revision hatte keinen Erfolg. Ihr Ehemann hatte die Pflicht, für den dauernd pflegebedürftigen Bruder des Vorbesitzers zu sorgen, vertraglich übernommen. Die Angeklagte war als seine Ehefrau Leiterin des Hauswesens und in Abwesenheit ihres Ehemanns Haushaltungsvorstand. Dadurch entstand eine Gemeinschaft, die es ihr nicht nur zur sittlichen Pflicht, sondern nach gesundem Volksempfinden auch zur Rechtspflicht machte, die Versorgung des Pfleglings fortzusetzen und ihn nicht verkommen zu lassen. Die Möglichkeit einer Gesundheitsschädigung als Folge ihrer Nachlässigkeit hatte sie vorausgesehen und den Erfolg gebilligt; daß der Tod des Pfleglings die Folge ihres Verhaltens war, hatte das Landgericht ohne Rechtsirrtum festgestellt. Geändert wurde das Urteil nur insofern, als die Verurteilung wegen gefährlicher Körperverletzung in Wegfall gebracht wurde; das Vergehen gegen § 223a StGB. wird durch das Verbrechen gegen § 226 StGB. aufgezehrt. (IV, 11. Oktober 1940.) Amtl. Sammlg. S. 309—311.

Vgl. Bd. 63 S. 423; Bd. 73 S. 389.

105. Beleidigung. Strafantrag. NSDAP. Entsprechende Anwendung. (StGB. §§ 2, 196.) Wegen Beleidigung eines Ortsgruppenleiters stellte der ihm vorgesetzte Kreisleiter der NSDAP. Strafantrag. Dieser wurde als rechtswirksam anerkannt. Die Parteidienststellen sind allerdings keine Behörden, ihre Inhaber keine Beamten; die Vorschrift des § 196 StGB. ist aber auf sie entsprechend anzuwenden. Als Träger eines neuen Staatsgedankens sind sie seit 1933 neben die staatlichen

Stellen und Mitglieder der bewaffneten Macht des Staates getreten und haben gleich diesen kraft eigenen Rechtes öffentliche Aufgaben wahrzunehmen. Diese grundlegende Wandlung im Gefüge des Staates hat dazu geführt, daß sie von der Rechtsprechung in weitem Umfange den staatlichen Behörden und Beamten gleichgeachtet worden sind. Zweck des § 196 StGB. ist namentlich, die in dem beleidigten Träger des Staatsgedankens angegriffene Ehre der Dienststelle des staatlichen Gemeinwesens zu wahren und zu verhindern, daß die Sühne der dieser Dienststelle zugefügten Ehrenkränkung bloß von dem Willen des unmittelbar beteiligten Trägers der Dienststelle abhängen soll. Mit Rücksicht auf die Stellung der NSDAP. im Gefüge des Staates ist es geboten, die Vorschrift auch auf die Dienststellen der NSDAP. und die Inhaber dieser Dienststellen entsprechend anzuwenden. Die entsprechende Anwendung kann auch außerhalb des Rahmens des § 2 StGB. beim Fehlen von Vorschriften, die auf den Sachverhalt unmittelbar anzuwenden sind, dazu benutzt werden, um vorhandene Gesetzeslücken auszufüllen. (II, 17. Oktober 1940.)

Amtl. Sammlg. S. 312—313.

Vgl. Bd. 56 S. 161; Bd. 69 S. 357; Bd. 70 S. 210; Bd. 71 S. 390; Bd. 72 S. 371.

106. Diebstahl. Stiefkinder. (ÖstStG. § 463.) Auf Diebstähle von Stiefkindern ist die Begünstigung des § 463 ÖstStGB. nicht anwendbar; sie gilt nur für Diebstähle oder Veruntreuungen zwischen Ehegatten, Eltern, Kindern und Geschwistern. (VI, 25. Oktober 1940.)

Amtl. Sammlg. S. 313—316.

107. Betrug. Vermögensbeschädigung. Vermögensvorteil. Versuch. (StGB. § 263.) Ein Handlungsreisender gab sich als Angestellter der Reichsstelle für Bekleidung aus und erzielte auf diese Weise, daß ihm verschiedene Kaufleute die Stellen, von denen sie ihre Waren bezogen, bekanntgaben. Damit wurde der Tatbestand des Betrugs nicht erfüllt, weil für die Kaufleute aus dieser Bekanntgabe ein Vermögensschaden nicht entstand. Denkbar wäre das gewesen, wenn die Lieferstellen den Kaufleuten monopolartige Stellungen eingeräumt hätten, die durch die Bekanntgabe beeinträchtigt worden wären. Das war nicht nachgewiesen. Auch wenn aber weder eine Vermögensbeschädigung noch ein Vermögensvorteil für den Angeklagten sich nachweisen ließ, konnte versuchter Betrug gegeben sein, wenn der Angeklagte an den Vermögensvorteil (z. B. die Erlangung einer Provision) geglaubt hätte und sich ihn durch die Täuschung hätte verschaffen, sowie das Vermögen der Kaufleute, wenn auch nur bedingt vorsätzlich, hätte schädigen wollen, indem er sie zur Bekanntgabe ihrer Geschäftsbeziehungen veranlaßte. (II, 28. Oktober 1940.)

Amtl. Sammlg. S. 316—318.
Vgl. Bd. 16 S. 1; Bd. 26 S. 227; Bd. 42 S. 92; Bd. 65 S. 273; Bd. 70 S. 151; Bd. 71 S. 333; Bd. 72 S. 66; JW. 1936 S. 513.

108. **Eisenbahnübergang. Schranken.** (StrVerkO. §§ 1, 13, 45; EisBBO. § 79.) Die Schranken der Eisenbahnübergänge dienen nicht einseitig dem Eisenbahnverkehr, sondern ebensosehr gleichzeitig dem Straßenverkehr und müssen demgemäß nicht nur, um der Eisenbahn freie Fahrt zu schaffen, sondern auch in der Weise unterhalten und bedient werden, daß der Straßenverkehr dadurch vor den Gefahren des Eisenbahnverkehrs geschützt wird. Das Errichten und Bedienen der Eisenbahnschranken hat hienach die Bedeutung, daß die Eisenbahnverwaltung dadurch dem Verkehr Zeichen gibt, nach denen sich die Verkehrsteilnehmer auf der Straße richten sollen. Rechtzeitig geschlossen sind die Schranken nicht schon dann, wenn sie gerade im letzten Augenblick herabgelassen werden, bevor der Zug die Straße berührt; sie müssen vielmehr so zeitig geschlossen werden, daß sich der Straßenverkehr danach einrichten kann. Allerdings haben die Benutzer der Straße die Pflicht, auch schon auf das Läutwerk zu achten, dessen Ertönen der Bewegung der Schranken voranzugehen und sie zu begleiten pflegt; aber erfahrungsgemäß kann das Läutwerk im starken Geräusch des Straßenverkehrs, namentlich von den Fahrern schwerer Lastkraftwagen, nicht immer gehört werden. (I, 5. November 1940.) Amtl. Sammlg. S. 318—320.

Vgl. Bd. 72 S. 286; RGZ. 157 S. 193.

109. Volksschädling. Ausnutzung von Kriegsmaßnahmen. (VolksSchädlVO. §§ 2, 4.) Ein zum Sicherheitsdienst eingezogener Mann durchsuchte in den Räumen einer Schule, in der abends Lehrgänge stattfanden, die Mäntel der Teilnehmer und entwendete daraus eine Taschenlampe und eine Brieftasche; als er am folgenden Tage das Gleiche tun wollte, wurde er überrascht. Das Landgericht verurteilte ihn wegen vollendeten und versuchten Diebstahls unter Ausnutzung der zur Abwehr von Fliegergefahr getroffenen Maßnahmen. Das Reichsgericht verwies die Sache zurück. Ein Verbrechen ist nicht schon dann unter Ausnutzung der Verdunkelung begangen, wenn es während der Dauer der Verdunkelung und in ihrem Wirkungsbereich verübt worden ist. Nicht zum Tatbestande gehört allerdings, daß die Tat ohne die Verdunkelung nicht ausgeführt worden wäre; es reicht aus, daß sie durch die Verdunkelung irgendwie erleichtert worden ist. Zum inneren Tatbestande gehört, daß der Täter die Verdunkelung bewußt ausgenutzt hat. Das ist namentlich dann der Fall, wenn er sich zu der Tat in dem Bewußtsein entschlossen hat, daß die Verdunkelung die Ausführung in irgendeiner Weise begünstige, ohne daß er sich darüber Gedanken gemacht zu haben braucht, ob er die Tat auch ohne die Verdunkelung ausführen würde. Nicht jeder aber, der in solcher Weise vorgeht, ist gemäß der Verordnung gegen Volksschädlinge zu bestrafen. Die Verordnung richtet sich, wie schon ihre Aufschrift zeigt, gegen Volksschädlinge, also eine bestimmte Art von Tätern. Als Volksschädling ist anzusehen, wer mit solcher verbrecherischer Tatkraft oder mit solcher Verwerflichkeit des Handelns den Rechtsfrieden der Volksgemeinschaft stört, daß er nach gesundem Volksempfinden zum mindesten eine Zuchthausstrafe verdient. Ob das zutrifft, kann sich aus der Art der Straftat oder aus einer Würdigung der Persönlichkeit des Täters ergeben, besonders aus seinem Vorleben, seinen Vorstrafen, seiner verbrecherisch gemeinschaftsfeindlichen Gesinnung, aus der Art und Weise, wie er die Tat beging, aus den Umständen, unter denen er gehandelt hat. Zum mindesten muß festgestellt werden, daß der Täter, wenn er auch im übrigen keine Verbrecherpersönlichkeit ist, doch durch die Tat eine Haltung gegenüber der vom Kriege betroffenen Volksgemeinschaft an den Tag gelegt hat, die zeigt, daß er ihr feindlich gegenübersteht und die Kriegsverhältnisse selbstsüchtig ausnutzt. (II, 30. Mai 1940.)

Amtl. Sammlg. S. 321—323.

Vgl. Bd. 74 S. 62, 137, 199, 202.

110. Devisenrecht. Ausländer. Zollhinterziehung. (DevG. §§ 5, 16, 46, 97; ZollG. §§ 6, 13, 45.) Ein Händler, der wiederholt unbefugt die böhmisch-deutsche Grenze überschritt, nahm aus Deutschland ohne Genehmigung Reichsmark und Tschechenkronen in das Protektorat mit, kaufte dort Waren und brachte sie heimlich über die Zollgrenze in das Reichsgebiet. Das Landgericht hatte ohne Angabe von Gründen hinsichtlich der ausländischen Zahlungsmittel keine Verletzung des § 16 DevG. angenommen. Das traf aber, auch wenn der Angeklagte Devisenausländer war, nur dann zu, wenn die Zahlungsmittel aus einem freien Währungsguthaben stammten oder wenn er sie aus dem Ausland eingeführt hatte. Auf die Frage der Anbietungspflicht war das Landgericht überhaupt nicht eingegangen, da es den Angeklagten als Devisenausländer ansah. Für diese Frage kam es darauf an, ob er seinen Wohnsitz oder gewöhnlichen Aufenthalt im Inland hatte; für den Begriff des Wohnsitzes ist maßgebend, wo man eine Wohnung unter Umständen innehat, die darauf schließen lassen, daß sie beibehalten oder benutzt werde. Tschechische Kronennoten haben mit dem 31. Oktober 1938, Scheidemünzen in Kronenwährung mit dem 15. November 1938 aufgehört, in den sudetendeutschen Gebieten gesetzliche Zahlungsmittel zu sein; damit wurden sie ausländische Zahlungsmittel und unterlagen der Anbietungspflicht. Das in Mähren gelegene Landgericht war auch für die im Protektorat Böhmen und Mähren begangenen Devisenvergehen zuständig. Das Protektorat, das zur Zeit der Tat noch Devisenausland war, gehört jetzt zum Gebiete des Großdeutschen Reiches; die dort begangenen Taten unterliegen daher allgemein der deutschen Gerichtsbarkeit, so daß jedes sachlich und örtlich zuständige deutsche Gericht sie rechtswirksam aburteilen kann. Die im Protektorat begangenen strafbaren Handlungen eines Protektoratsangehörigen oder eines Ausländers sind aber nach dem dort geltenden sachlichen Strafgesetze zu würdigen. Es war unrichtig, daß auf die

Verfügungen, die der Angeklagte über die ausländischen Zahlungsmittel oder Forderungen getroffen hatte, das deutsche Devisenrecht angewendet worden war. Gegen die Verurteilung wegen Zollhinterziehung hatte der Angeklagte eingewendet, daß die in Betracht kommenden Waren bei ihrer Einfuhr in das sudentendeutsche Gebiet von Zoll und Ausgleichssteuer befreit waren, wenn sie ihren Ursprung im Protektorat hatten und im Sudetenlande verbraucht, dauernd gebraucht oder verarbeitet wurden. Das traf zu; die Waren waren aber an der zuständigen Zollstelle zu gestellen. Indem der Angeklagte das unterließ, verfügte er vorschriftswidrig über die Waren; damit entstand die Zollschuld und die Nichtentrichtung war als Hinterziehung zu behandeln. (III, 17. Oktober 1940.)

Amtl. Sammlg. S. 323—327.

Vgl. Bd. 74 S. 219.

111. Devisenrecht. Anbietungspflicht. Einziehung. Ersatzeinziehung. (DevG. §§ 45, 72, 73, 82; StPO. §§ 430, 465.) Ein deutscher Fabrikant betrieb Geschäfte im Gebiete der früheren Tschechoslowakei und stand in Verbindung mit einer dortigen Bank; bei dieser zahlte er seine Gewinne aus den in der Tschechoslowakei durchgeführten Geschäften ein. Im Oktober 1938 hatte er bei dieser Bank zwei Sparbücher mit einem Stande von 532000 und 550000 čK. Andererseits hatte er bei der Bank Schulden, die sich im Oktober 1938 auf 177000 čK. beliefen. Die Bank hatte das Recht der Aufrechnung; außerdem verpfändete er ihr seine Guthaben ausdrücklich. In den Jahren 1933 bis 1935 suchte er wiederholt bei der zuständigen Stelle um Genehmigung für Zahlungen auf seine Schuld nach; dabei verschwieg er, daß er auch Guthaben bei der Bank hatte und von dieser die Zinsen, soweit sie seine Schuldzinsen überstiegen, gutgeschrieben erhielt. Mehrfach nahm er auch Überweisungen an die Bank vor, ohne eine Genehmigung der Devisenstelle einzuholen; bis Ende August 1935 waren solche Überweisungen in der Höhe von insgesamt 150000 čK. ausgeführt worden. Nach seinem Tode wurden diese Machenschaften klargelegt. Das Landgericht ordnete die Einziehung der Sparguthaben und für den Fall, daß die Einziehung nicht durchführbar sein sollte, ersatzweise die Einziehung ihres Gegenwertes, ferner wegen der Genehmigungserschleichung und der ungenehmigten Überweisung ersatzweise die Einziehung von 28000 *RM* zu Lasten des Nachlasses an und legte diesem die Kosten auf. Die Erben und die Rechtsnachfolgerin der tschechischen Bank in Deutschland wurden als Beteiligte zugezogen. Die Revision der Erben führte zur Zurückverweisung der Sache. Eine Ersatzeinziehung kann nur gegen den Täter oder einem Teilnehmer der Straftat ausgesprochen werden. Die Auffassung, daß die Beschränkung auf Erben keine Anwendung finden könne, weil diese den Nachlaß nur beschwert mit der durch die Tat des Erblassers begründeten Haftpflicht erworben hätten, wurde vom Reichsgericht nicht gebilligt. Soweit der durch die strafbare Handlung gewonnene Gegenwert noch im Nachlaß vorhanden ist, unterliegt er der unmittelbaren Einziehung; im übrigen ist aber der Erbe als solcher weder Täter noch Teilnehmer. Diese Begriffe sind im Devisengesetz in dem dem Strafrecht eigentümlichen Sinne gebraucht. Die Ersatzeinziehung wird gegen den Täter oder Teilnehmer ausgesprochen, wenn jemand, der nicht Täter oder Teilnehmer ist, den Wert besitzt, auf den sich die Devisenstraftat bezieht, und wenn dieser den in § 72 DevG. vorgesehenen Entlastungsbeweis führt, so daß die Einziehung selbst nicht möglich ist. Die Einziehung ist nicht nur Strafe; sie wird auch verhängt, um Gefahren zu verhüten, die durch die einzuziehende Sache entstehen können, und um dem Rechtsbewußtsein zu genügen, das nicht duldet, daß eine mit einem Makel behaftete Sache weiter im Verkehr bleibt. Diese Erwägungen treffen auf die Ersatzeinziehung nicht oder doch nur in geringem Maße zu. Ferner wird das Strafrecht von dem Grundsatze beherrscht, daß eine Strafe nur gegen den Schuldigen selbst verhängt werden darf. Der Nachlaß haftet nur für die vom Erblasser verwirkten Geldstrafen und Kosten, wenn das Urteil bei seinen Lebzeiten rechtskräftig geworden ist. Der Erbe setzt zwar bürgerlichrechtlich die Person des Erblassers fort, nicht aber strafrechtlich; die Regeln über die Haftung für die Schulden des Erblassers gelten grundsätzlich nicht für öffentliche Strafen. Ausnahmen, die für die Einziehung in verschiedenen Gesetzen gemacht sind, dürfen nicht durch erweiternde Gesetzesauslegung auf andere Nebenfolgen der Straftat ausgedehnt werden. Die entgegengesetzte Ansicht würde zu dem Ergebnisse führen, daß Schuldlose auch dann der Ersatzeinziehung, wenn auch nur nach Kräften des Nachlasses, unterlägen, wenn sie keinen Gegenwert für den einzuziehenden Gegenstand mehr in ihrem Vermögen und auch keinen Vorteil von der Straftat hätten. In dem angefochtenen Urteil waren drei Devisenvergehen des Erblassers angenommen, nämlich die Verletzung der Anbietungspflicht, das Aufstellen unrichtiger Angaben zur Erschleichung der devisenrechtlichen Genehmigung und die Verfügung über die Forderung von 150000 čK. Die Werte, die der Erblasser durch die beiden zuletzt genannten Handlungen gewonnen hatte, befanden sich nicht mehr im Vermögen der Erben; für die Einziehung der beiden Sparguthaben kam also als strafbare Handlung nur die Verletzung der Anbietungspflicht in Betracht. Das Unterlassen der Anbietung war keine straflose Nachtat zu der vorhergegangenen ungenehmigten Verfügung, stellte vielmehr einen weiteren Eingriff in die Devisenwirtschaft des Reiches dar. Die Strafbarkeit entfiel auch nicht deshalb, weil der Erblasser sich durch die Anbietung der Gefahr der Entdeckung früherer Devisenzuwiderhandlungen ausgesetzt hätte. Die Anbietungspflicht besteht über die Dauer der Anbietungsfrist hinaus fort. Die Erben hatten geltend gemacht, daß ein Anbieten sinnlos gewesen wäre, weil die Abtretung der Reichsbank nichts hätte nützen können. Das wäre der Fall gewesen, wenn der Forderung jederzeit höhere Gegenforderungen entgegengestanden hätten, mit denen die Bank hätte aufrechnen können. Allerdings entbindet die Unverwertbarkeit einer Forderung nicht ohne weiteres von der Anbietungspflicht; die Prüfung, ob diese Voraussetzung vorliegt, steht nicht dem Gläubiger, sondern der Reichsbank zu. Hätte aber der Erblasser die Gewißheit gehabt, daß die Bank ihr Aufrechnungsrecht geltend machen würde, so wäre die Anbietungspflicht für ihn entfallen. Unter Beachtung dieser Gesichtspunkte war auch der innere Tatbestand neu zu prüfen. Die Einziehung ist in der Devisengesetzgebung nicht zwingend vorgeschrieben, sondern dem Ermessen des Richters anheimgestellt. Bei der Schwere des Eingriffs in die Rechte von Personen, die sich möglicherweise nichts hatten zuschulden kommen lassen, wäre eine Prüfung und die Darlegung der Gründe für die Entscheidung nötig gewesen. Die Einziehung unterbleibt, wenn der davon Betroffene nachweist, daß er von der Straftat weder Kenntnis gehabt hat noch auch hat haben können, und wenn er von der Straftat auch keinen Vorteil gehabt hat. Der Widerspruch kann auf jedes dingliche Recht gestützt werden, das an dem einzuziehenden Gegenstande besteht; seit dem 1. Januar 1939 genügt es auch, daß dem Widersprechenden ein Anspruch auf den Gegenstand zusteht. Betroffen durch eine Einziehung ist jeder, der durch sie ungünstiger gestellt wird, gleichgültig, auf welche Weise er seine Rechtsstellung erlangt hat, mithin auch der Erbe. Diesem ist auch der Gegenbeweis zu gestatten. Nach der Grundanschauung des Strafrechts haftet der Erbe nicht für Taten des Erblassers; Ausnahmen sind nur zulässig, soweit sie sich unbedenklich aus dem Gesetz ergeben. Einen Vorteil hätten die Beschwerdeführer von der die Einziehung begründenden Straftat ihres Erblassers gehabt, wenn ohne sie der Nachlaß zur Zeit seines Todes weniger wert gewesen wäre. An der früher vom Reichsgericht ausgesprochenen Ansicht, daß schon die Erhaltung des Eigentums an einem Wertpapier für den Eigentümer immer einen Vorteil bedeute, wurde nicht mehr festgehalten. Es würde zu unbilligen Ergebnissen führen, wenn man entsprechend diesem Gedankengange annehmen wollte, daß der Besitz von ausländischem Geld oder die Gläubigerschaft an Forderungen ausländischer Währung gegenüber einer Vermögensanlage in deutschem Geld oder Reichsmarkwerten immer ein Vorteil sei. Bei dem Vorteil muß es sich vielmehr um eine wirtschaftliche Besserstellung handeln, die der Betroffene gegenüber dem Zustand erlangt hat, in dem sich sein Vermögen befunden hätte, wenn die Devisenzuwiderhandlung unterblieben wäre. Aus den Feststellungen des Urteils war nicht ersichtlich, ob die Reichsbank die Abtretung der Guthaben verlangt hätte, wenn sie ihr angeboten worden wäre, und welche Wertminderung der Nachlaß bei einer Abtretung erfahren hätte, ebenso nicht, ob der Nachlaß einen höheren Wert gehabt hätte, wenn der Erblasser seine Gewinne aus den Geschäften in der Tschechoslowakei nicht in einer tschechischen Bank angelegt hätte. Falls nur ein Teil der Erben die Straftat des Erblassers kannte, war die Einziehung nicht möglich, da die Voraussetzungen für diese bei allen zur gesamten Hand Berechtigten vorliegen müssen. Die Kosten des ersten Rechtszugs im selbständigen Einziehungsverfahren treffen immer die Reichskasse. Das Urteil wurde auch zugunsten der Bank, die es nicht angefochten hatte, aufgehoben, da noch nicht feststand, ob eine die Einziehung der Guthaben begründende strafbare Handlung vorlag. (IV, 29. Oktober 1940.) Amtl. Sammlg. S. 326—334. Vgl. Bd. 17 S. 114; Bd. 22 S. 351; Bd. 68 S. 286; Bd. 69 S. 385; Bd. 71 S. 366; Bd. 72 S. 33; Bd. 73 S. 129; Bd. 74 S. 183; JW. 1933 S. 174; 1938 S. 1328; 1939 S. 480.

112. **Verhehlung. Vorschubleisten.** (ÖstStG. §§ 5, 185, 196, 214, 216.) Einen Teil der aus einem Raubmord erlangten Beute, und zwar ein Paket mit 5000 *RM* Inhalt, übergab der Täter alsbald nach der Tat einer Verwandten. Diese brachte es der Mutter des Täters. Als der Vater des Täters von der Tat seines Sohnes und davon erfuhr, daß seine Frau das Paket im Besitz habe, forderte er sie auf, das Paket sofort an die Frau zurückzugeben, von der sie es erhalten hatte. Diese lieferte es dem Täter wieder aus. Als der Täter verhaftet werden sollte, erschoß er sich. Sein Vater wurde wegen Mitschuld an dem Verbrechen der Teilnehmung am Raube verurteilt, weil er seine Frau vorsätzlich veranlaßt habe, die von seinem Sohne geraubten und von seiner Frau verhehlten 5000 *RM* zurückzugeben, und dadurch zur sicheren Vollstreckung der Verhehlung beigetragen habe. Das Reichsgericht hob das Urteil auf. Nach § 216 ÖstStG. können bestimmte Angehörige eines Verbrechers, zu denen namentlich auch seine Eltern gehören, nicht wegen Verhehlung gestraft werden, wenn sie sich gegen § 214 StG. verfehlen, also auch dann nicht, wenn sie der nachforschenden Obrigkeit die zur Entdeckung des Verbrechens oder des Täters dienlichen Anzeigungen verheimlichen, d. h. deren Bekanntwerden absichtlich hindern oder zu erschweren suchen. Dieser persönliche Strafausschließungsgrund sollte nach der Auffassung des Landgerichts keine Anwendung finden, wenn es sich um die Verhehlung der gestohlenen (geraubten) Sachen handelte, auch wenn die Absicht des Hehlers nur auf die Verheimlichung der Entdeckung des Täters gerichtet war. Dieser Ansicht, die wiederholt auch schon vom Österreichi-

schen Obersten Gerichtshofe vertreten wurde, schloß sich das Reichsgericht nicht an. Das Vorschubleisten durch Verhehlung nach § 214 StG. (persönliche Begünstigung) richtet sich gegen die Rechtspflege; der Täter soll der Entdeckung und damit der Bestrafung entzogen werden. Die Tat kann auch durch das Verhehlen einer gestohlenen (geraubten) Sache begangen werden. Ob darin persönliche oder sachliche Begünstigung — die das Österreichische Strafgesetz als Teilnahme an der Tat behandelt — zu finden ist, hängt von der inneren Haltung des Täters ab. Der Teilnehmer am Raube verbirgt die geraubten Sachen vor der nachforschenden Obrigkeit, um sie sich, dem Räuber oder einem Dritten zu sichern und dadurch dem Berechtigten die Wiedererlangung unmöglich zu machen. Der Begünstiger dagegen verbirgt die geraubte Sache, um den Räuber durch das Verheimlichen seiner Beute als einem wichtigen Beweismittel von der Entdeckung zu schützen. Werden beide Ziele verfolgt, so treffen Teilnehmung am Raube und Vorschubleisten durch Verhehlung eintätig zusammen; der Verhehler ist dann, auch wenn er zu den im § 216 StG. genannten nahen Angehörigen des Räubers gehört, sowohl wegen Verbrechen gegen § 196 StGB. (Teilnehmung am Raube) als auch wegen Verbrechen gegen § 214 StGB. (Vorschubleisten durch Verhehlung) zu verurteilen. § 216 StG. schützt ihn nur dann vor Strafe, wenn ihm die Verhehlung nach § 214 StG. allein zur Last fällt. Um zu einer richtigen Beurteilung gelangen zu können, war in dem neuen Verfahren zunächst zu untersuchen, ob dem Angeklagten der Inhalt des Paketes bekannt war, das seine Frau in Verwahrung genommen hatte, welchen Zweck er mit der Aufforderung verfolgte, das Paket zurückzugeben, ob er damit seinem Sohne oder sich oder einem anderen die Beute sichern wollte, oder ob es ihm nur darum zu tun war, nicht selbst in den Verdacht der Teilnehmung am Raube zu kommen und seine Frau vor Strafe zu bewahren. Da er im Urteil als nervenkrank bezeichnet war, wies das Reichsgericht auf die Notwendigkeit einer Prüfung hin, ob er in seiner Aufregung überhaupt imstande war, sich im ersten Augenblick nach der niederschmetternden Mitteilung seiner Frau mit anderen Fragen zu beschäftigen als der, wie er weiteres Unheil von sich abwenden könne, ob namentlich die Frage, welche Wirkung die Zurückgabe des Paketes auf die Möglichkeit der Wiedererlangung des geraubten Gutes durch den Geschädigten äußern könne, überhaupt in sein Blickfeld getreten war. (VI, 1. November 1940.)

Amtl. Sammlg. S. 334—341.

113. **Amtsunterschlagung. Urkundenfälschung. Falsche Beurkundung. Vermögensvorteil.** (StGB. §§ 348, 349, 351.) Eine Posthelferin, zu deren Dienstaufgaben die Einziehung von Rundfunkgebühren und Zeitungsgeldern gehörte, behielt solche Gelder für sich. Um die Entdeckung zu verhindern, lieferte sie die ihr von der Post vorübergehend ausgehändigten Rundfunk- und Zeitungsstammkarten nicht alsbald ab, unterließ in einigen Stammkarten die Eintragung der Zahlung und radierte in anderen Stammkarten den zunächst richtig eingetragenen Zahlungstag wieder aus. Sie hatte die Absicht, die unterschlagenen Beträge von ihrem nächsten Lohngelde zu ersetzen. Das Landgericht verurteilte sie wegen schwerer Amtsunterschlagung (§§ 350, 351 StGB.). Das Reichsgericht verwies die Sache zurück. Zutreffend hatte das Landgericht die Stammkarten als Register angesehen. Die Annahme, daß die Angeklagte diese Register verfälscht habe, hatte es mit der Begründung abgelehnt, daß die Angeklagte die Radierungen vorgenommen habe, ehe sie die Karten aus der Hand gab und dadurch wieder in den Geschäftsgang brachte, mithin zu einer Zeit, zu der sie die Karten fremdem Einblick noch nicht überlassen hatte. Dieser Auffassung trat das Reichsgericht entgegen. Zum Verfälschen gehört begrifflich ein echter Gegenstand und ein unbefugtes Abändern dieses Gegenstandes. In den Stammkarten, in denen die Zahlungen richtig angegeben waren, lagen in diesem Zeitpunkte Schriftstücke vor, die vermöge ihres gedanklichen Inhalts geeignet und bestimmt waren, im Rechtsleben eine Tatsache zu beweisen, und die ihren Aussteller erkennen ließen, also Urkunden im Rechtssinne. Eine Befugnis, diese Urkunden zu ändern, stand der Angeklagten in dem Zeitpunkte, da sie die Radierungen vornahm, nicht mehr zu. Die Herstellung dieser Urkunden gehörte zu ihren dienstlichen Obliegenheiten. Die Befugnis, sie zu ändern, bestand nur solange, bis sie fertiggestellt waren, nachher nur noch in beschränktem Um-

fange. Der Maßstab für die Beschränkung war nicht darin zu finden, daß die Urkunde noch nicht in den Geschäftsgang gebracht, also fremdem Einblick überlassen war und sich noch in der Hand der Herstellerin befand; entscheidend war vielmehr, ob an den fertiggestellten Urkunden schon ein fremder Anspruch auf Unversehrtheit entstanden war. In diesem Zeitpunkte hatte die Urkunde bestimmungsgemäß ihre Bedeutung für den Rechtsverkehr erlangt und war der rechtlichen Verfügungsgewalt des Herstellers, also auch Änderungen, die er ohne Zustimmung aller rechtlich Beteiligten vornahm, entzogen. Ein solcher Anspruch auf Unversehrtheit stand in der Zeit, als die Angeklagte die Änderungen vornahm, den Postkunden zu; diese hatten einen Anspruch darauf, daß die Eintragungen über ihre Zahlungen und deren Zeitpunkte wahrheitsgemäß vorgenommen wurden und so erhalten blieben. Die Stammkarten wurden auch von der Postverwaltung als Unterlagen über die laufenden Verträge geführt; sie wurden der Angeklagten nur vorübergehend zum Zweck der Eintragung der Zahlungen ausgehändigt. Auch während dieser Zeit hatte die Post die Verfügung darüber und konnte jederzeit Einsicht nehmen; die Karten befanden sich also auch während der Zeit, da die Angeklagte sie in Händen hatte, im Rechtsverkehr. Eine Änderung war nicht mehr zulässig, sowie eine wahrheitsgemäße Eintragung stattgefunden hatte. Einen Vermögensvorteil hatte sich die Angeklagte schon durch Unterschlagung der eingehobenen Gebühren verschafft. Es kam nur darauf an, ob die Angeklagte sich durch das Fälschen der Register diesen Vermögensvorteil erhalten wollte oder ob sie nur beabsichtigte, die Spuren der Straftaten zu verwischen, ihre Überführung zu vereiteln oder zu erschweren, ihre Unterschlagungen zeitweilig zu verbergen, um eine Entdeckung von der von ihr beabsichtigten alsbaldigen Wiedergutmachung des Schadens zu verhindern. Wenn sie ausschließlich aus dem letztgenannten Beweggrunde gehandelt hatte, konnte nicht ohne weiteres eine Absicht angenommen werden, sich einen Vermögensvorteil zu verschaffen oder zu erhalten. (II, 28. Oktober 1940.)

Amtl. Sammlg. S. 341—344.

Vgl. Bd. 41 S. 253; Bd. 50 S. 420; Bd. 52 S. 88; Bd. 53 S. 109; Bd. 58 S. 211; Bd. 59 S. 174, 339; Bd. 61

S. 161; Bd. 64 S. 394; Bd. 65 S. 102; Bd. 69 S. 28; Bd. 72 S. 193; Bd. 73 S. 294.

114. Sachwucher. Gerechter Preis. (StGB. § 302a.) Der Inhaber eines Heilmittelversandgeschäftes ließ Bestellungen durch Vertreter aufsuchen; diesen zahlte er als Vergütung einen Betrag von etwa 50% des Verkaufspreises. Das Landgericht fand in zahlreichen Verkäufen ein fortgesetztes Vergehen des Sachwuchers und verurteilte demgemäß. Das Reichsgericht verwies die Sache zurück. Den wirklichen Wert der Heilmittel, also den gerechten Verkaufspreis, durch Vergleich mit den Preisen der Mitbewerber festzustellen, hatte das Landgericht für undurchführbar erklärt, weil es sich um besondere Arten von Heilmitteln handelte und geeignete Vergleichspreise fehlten. Es war von den Einkaufspreisen ausgegangen, hatte dazu einen Mengenrabatt von 5% gerechnet, der vom Hersteller bei Großabnahme regelmäßig gewährt wird, weitere 3% für Verpackung, 10% für Reklame; auf die so gewonnene Summe hatte es den Großhandelszuschlag mit 25% und auf den so ermittelten Betrag den Kleinhandelszuschlag mit $66^2/_3$% gutgebracht und schließlich noch 2% vom Ganzen für Umsatzsteuer zugerechnet. So war es zu einer Vermehrungszahl von 2,52 gelangt, deren Produkt mit dem Einkaufspreise den gerechten Preis darstellen sollte. Ein auffälliges Mißverhältnis zwischen dem so ermittelten gerechten Preise und dem Verkaufspreise nahm das Landgericht an, wenn dieser den gerechten Preis um mehr als 50% überstieg. Das Reichsgericht fand diese Berechnung bedenklich. Bei der Ermittlung des gerechten Preises ist vom Standpunkte des Verkäufers auszugehen; dabei sind die der jeweiligen Geschäftsart eigentümlichen wirtschaftlichen Verhältnisse, namentlich also ihr Aufbau und ihre Arbeitsweise, maßgebend. Von dieser Grundlage aus kann der Verkäufer gerechterweise als Verkaufspreis verlangen seinen Einkaufspreis nebst Zuschlägen für seine Unkosten einschließlich eines Wagniszuschlages für Verluste, die durch Verderb von Waren oder Ausbleiben von Zahlungen eintreten können, ferner Zuschläge für seine eigene Tätigkeit und für einen angemessenen Gewinn. Alle einzelnen Posten sind grundsätzlich in der tatsächlich entstandenen Höhe einzusetzen; sie können aber nur berücksichtigt werden, soweit sie wirtschaftlich vertretbar sind. Liegen sie unter den angemessenen Sätzen, so kann der Verkäufer diese zugrunde legen; wenn er infolge seiner Tüchtigkeit oder sonstiger Umstände besser arbeitet als andere Geschäfte der gleichen Art, kommt ihm das ungeschmälert zugute. Das Gesamtergebnis der Preisberechnung ist maßgebend; die Übersetzung einzelner Posten kann durch entsprechende Niedrighaltung anderer ausgeglichen werden. Liegt der so gefundene Preis unter den Preisen ähnlicher Geschäfte, so darf sich der Verkäufer nach diesen Preisen richten; liegt er darüber, so darf sich der Verkäufer an seine Berechnung halten, wenn diese ordnungsgemäß durchgeführt ist. Im vorliegenden Falle kamen auch die Preise der Apotheken in Betracht, weil sich der Absatz von Heilmitteln regelmäßig durch diese vollzieht; auch hier hatten aber Preise auszuscheiden, die auf unlauteren Machenschaften beruhten. Preisvorschriften können die Ausnützung der so berechneten Preise verhindern. Für den vorliegenden Fall kamen solche nicht in Betracht. Besonders stark fielen bei den Unkosten die Vertretervergütungen ins Gewicht. Das Landgericht hatte sie in seiner Berechnungsweise nicht aufgeführt, sondern durch den Großhandels- und Kleinhandelszuschlag abgegolten. Eine derartige Zusammenfassung bestimmter Unkostenarten in einem einzigen Posten ist an sich nicht unzulässig, wenn feststeht, daß dieser Posten der Höhe nach zu ihrer Bestreitung ausreicht. Eine solche Feststellung fehlte im Urteil. Es war also nicht ausgeschlossen, daß das Landgericht bei seiner Weise, den gerechten Preis zu ermitteln, von unzutreffenden Voraussetzungen ausgegangen war; es ließ sich insbesondere nicht nachprüfen, ob gerade die Höhe der gezahlten Vertretervergütungen das vom Landgericht in einigen Fällen für erwiesen erachtete Mißverhältnis zwischen dem gerechten Preise und dem Verkaufspreise erzeugt hatte. Das führte zur Aufhebung des Urteils. Für die neue Verhandlung gab das Reichsgericht mehrere Hinweise, die sich vor allem auf die Vertretervergütungen bezogen. Diese hatte der Angeklagte aus dem Verkaufspreise bezahlt, der ihm in voller Höhe gebührte. Wie sie berechnet wurden, ob in Hundertsätzen des Verkaufspreises oder anders, war für die Preisermittlung an sich ohne Bedeutung; es kam dabei sachlich nur auf ihre wirkliche Höhe und deren Verhältnis zu den übrigen Preisbildungsposten oder, was auf dasselbe hinauslief, zum Verkaufspreise an. Die Vergütungen konnten aber bei der Ermittlung des gerechten Verkaufspreises nur insoweit berücksichtigt werden, als sie wirtschaftlich vertretbar waren. Ob das zutraf, war im wesentlichen Tatfrage. Für die verschiedenen Waren konnten verschieden hohe Vergütungen in Frage kommen. Die Üblichkeit eines gewissen Vergütungssatzes spricht zwar für seine Angemessenheit und Notwendigkeit, schließt aber ein Mißverhältnis zwischen dem tatsächlich geforderten und dem gerechten Preise nicht aus. Nicht jeder Überpreis ist indessen schon nach der äußeren Tatseite hin wucherisch, vielmehr muß ein auffälliges Mißverhältnis zu dem gerechten Preis vorliegen. Die Frage ist vom Standpunkte des Verkäufers aus unter Berücksichtigung der Umstände des Falles zu prüfen. Darauf, ob der Kunde die Ware bei Kenntnis der auf ihr lastenden Vertretervergütung gekauft hätte oder nicht, konnte es nicht ankommen. Soweit hinsichtlich der Bemessung eines Verkaufspreises oder einzelner Berechnungsposten eine allgemeine Übung bestand oder von den damit befaßten Stellen Empfehlungen ergangen waren, bedurfte die innere Tatseite einer besonders eingehenden Prüfung. (IV, 29. Oktober 1940.)

Amtl. Sammlg. S. 345—350.

Vgl. Bd. 60 S. 216.

115. **Mißbrauch der Sorgepflicht.** (StGB. § 222; BGB. 1664, 1666.) Bei der Erkrankung eines siebenjährigen Mädchens zog dessen Vater zunächst einen Heilbehandler zu; dieser stellte eine eitrige Mandelentzündung fest und zog Diphtherie in Erwägung, fand aber für diese keine Anzeichen. Auf seinen Rat wurde ein Arzt zugezogen. Dieser stimmte dem Befunde des Heilbehandlers bei, billigte die von diesem angeordnete Behandlung und verschrieb homöopathische Mittel. Er nahm von dem Kinde und von dessen Bruder, bei dem er eine leichte Halsentzündung feststellte, Abstriche und untersuchte diese selbst; das Ergebnis bezeichnete er dem Heilbehandler gegenüber als negativ. Da die Krankheit bei beiden Kindern zunahm, trat der Heilbehandler nochmals mit dem Arzte in Verbindung; dieser kam aber erst nach mehreren Tagen in die Wohnung der Kinder. Inzwischen waren beide an Diphtherie gestorben. Der Arzt wurde wegen

fahrlässiger Tötung angeklagt, aber vom Landgericht freigesprochen. Es fand wohl eine Verletzung seiner ärztlichen Pflichten darin, daß er die Abstriche ungenügend untersucht und die erkrankten Kinder nach seinem ersten Besuche nicht weiter persönlich behandelt hatte; es erblickte in diesem Verhalten aber keine Ursache für den Tod der Kinder, weil deren Vater als Zeuge erklärte, daß er eine Einspritzung von Diphtherieserum nicht zugelassen hätte. Diese Ausführungen werden der Sachlage nicht gerecht. Sie betrachteten diese ausschließlich unter dem Gesichtspunkte des Behandlungsvertrags, den der Angeklagte mit dem Vater der Kinder geschlossen hatte. Auch insoweit ließen sie eine Prüfung vermissen, ob nicht der Angeklagte nach dem heutigen Stande der ärztlichen Wissenschaft zur Anwendung des Diphtherieserums schon dann verpflichtet gewesen wäre, wenn nach dem Untersuchungsbefunde auch nur ein starker Verdacht auf Diphtherie bestand. Die Auffassung, welche das Landgericht hinsichtlich der Verursachung vertrat, beruhte auf einem Trugschlusse. Zu einer Entscheidung des Vaters über die Anwendung von Diphtherieserum war es nicht gekommen. Die Tatsache, daß er als Zeuge erklärte, er hätte die Anwendung nicht zugelassen, bewies nicht, daß er wirklich so gehandelt hätte, wenn der Arzt sie mit dem gebotenen Ernst als notwendig erklärt hätte, um die Kinder zu retten. Aber selbst wenn der Vater die Anwendung des Serums abgelehnt hätte, wäre die Möglichkeit nicht ausgeschlossen gewesen, daß Pflichtwidrigkeiten des Angeklagten für den Tod der Kinder ursächlich gewesen wären. Grundsätzlich steht allerdings jedem Menschen die freie Verfügung über seinen Körper zu, soweit nicht gesetzliche Vorschriften oder besondere Verhältnisse dieses Recht einschränken. Soweit es sich aber um Personen handelt, die nicht geschäftsfähig sind, kann dieser Grundsatz nicht uneingeschränkt gelten. Der Vater hat bei der Ausübung der elterlichen Gewalt dem Kinde gegenüber nur für die Sorgfalt einzustehen, die er in eigenen Angelegenheiten anzuwenden pflegt; er darf aber sein Recht der Sorge für die Person des Kindes nicht mißbrauchen. Als ein Mißbrauch wäre es unter Umständen anzusehen, wenn er das Einverständnis zu einer bestimmten ärztlichen Behandlung des Kindes ohne triftigen Grund verweigerte. In einem solchen Falle hat das Vormundschaftsgericht die erforderlichen Maßnahmen zu treffen. Führt ein Mißbrauch zu einer Körperverletzung oder zum Tode des Kindes, so hat der Sorgeberechtigte diese Folgen auch strafrechtlich zu verantworten. Der Arzt, dem ein solcher Mißbrauch bei der Behandlung eines Kindes entgegenträte, wäre berechtigt, dagegen die Hilfe des Vormundschaftsgerichts oder auch der Polizei, die verpflichtet ist, die Gefahr strafbarer Handlungen nicht nur von der Allgemeinheit, sondern auch von einzelnen Volksgenossen abzuwenden, in Anspruch zu nehmen. In Fällen dringender Gefahr, wenn behördliche Hilfe nicht rechtzeitig zu erlangen wäre, dürfte er sogar die notwendige Behandlung auch gegen den Willen des Sorgeberechtigten durchführen. Eine Pflicht hiezu ergab sich für den vorliegenden Fall schon aus der nahen persönlichen Beziehung, die zwischen dem Arzt und den Kindern durch den rein tatsächlichen Vorgang der Krankenbehandlung entstanden war. Ein Widerspruch des Vaters gegen die Serumbehandlung wäre also nicht geeignet gewesen, die Verantwortlichkeit des Angeklagten zu beseitigen. Ob die Ablehnung der Serumbehandlung ein Mißbrauch des Sorgerechtes des Vaters gewesen wäre, war eine Frage für sich. (III, 4. November 1940.)

Amtl. Sammlg. S. 350—354.

Vgl. Bd. 25 S. 375; Bd. 69 S. 321; Bd. 73 S. 389; Bd. 74 S. 60, 309.

116. **Kettenhandel. Teilnahme.** (SpinnstG. § 17; VO. vom 27. August 1939 § 9.) Ein Kaufmann, der mit Spinnstoffen handelte, gab an einen Automobilhändler Waren um ungefähr 900 *RM* mit einem Aufschlag von 25—30% zum eigenen Einkaufspreis ohne Bezugschein ab; er wußte, daß dieser sie an seine Kunden ohne Bezugschein mit Gewinn weiterverkaufen wollte. Seine Verurteilung wegen eines Verstoßes gegen § 17 SpinnstG. in Verbindung mit § 11 der 1. DurchfVO. sowie gegen § 9 VO. zur vorläufigen Sicherstellung des lebenswichtigen Bedarfs des deutschen Volkes in Verbindung mit der VO. über die Verbrauchsregelung für lebenswichtige gewerbliche Erzeugnisse vom 14. November 1939 erklärte das Reichsgericht für unhaltbar. § 9 VO. vom 27. August 1939 bestimmt zwar ganz allgemein, daß bestraft wird, wer vorsätzlich bezugscheinpflichtige Verbrauchsgüter

ohne gültigen Bezugschein abgibt; aus dem Zusammenhang ergibt sich aber deutlich, daß damit nur die Abgabe an Verbraucher unter Strafe gestellt ist. Da der Angeklagte wußte, daß der Automobilhändler die Waren ohne Bezugschein mit Gewinn weiterverkaufen wollte, kam nur Beihilfe zu diesem Verkauf in Frage. Auch die Verurteilung des Angeklagten wegen Preisüberschreitung ließ sich nicht aufrecht erhalten. Nach § 17 Abs. 9 SpinnstG. in Verbindung mit § 11 der 1. DurchfVO. darf bei Verkäufen durch Personen, die sich in nicht handelsüblicher Weise in die Verteilung eingeschaltet haben, höchstens der Preis berechnet werden, zu dem der Verkäufer eingekauft hat. Diese Bestimmung richtet sich, wie schon ihrem Wortlaute zu entnehmen ist, nur gegen den Zwischenhändler, nicht aber gegen den ordentlichen Kaufmann, der Waren an einen solchen Zwischenhändler, verkauft. Aber auch hier kam Beihilfe zu den Verkäufen in Frage, die der Abnehmer des Angeklagten ausgeführt hatte. (III, 7. November 1940.) Amtl. Samlg. S. 355—358.

117. **Beleidigung. Strafantrag. Volksschädling.** (StGB. §§ 185, 195; VolksSchädlVO. § 4.) Wenn für eine Beleidigung nach gesundem Volksempfinden die Überschreitung des regelmäßigen Strafrahmens am Platze ist, steht der Anwendung der Verordnung gegen Volksschädlinge nichts im Wege. Ein Strafantrag ist dann nicht erforderlich. Es würde mit den Zielen, die der Gesetzgeber mit der Verordnung gegen Volksschädlinge verfolgt, nicht vereinbar sein, wenn eine besonders verwerfliche Straftat ohne Strafe bliebe, weil der Verletzte die Bestrafung des Täters nicht wünscht. (V, 14. November 1940.)
Amtl. Sammlg. S. 358—359.

118. **Kriegswirtschaft. Bedarfsgefährdung. Böswilligkeit. Nichtigkeitsbeschwerde.** (KrWirtschVO. vom 4. September 1939 § 1; VerbrRegelgStrVO. vom 6. April 1940; VO. vom 29. Februar 1940 § 34; RAbgO. § 396.) Der Besitzer eines Gasthofes kaufte einem Landwirt, der wider Erwarten ein Kalb und ein Schwein, die bestellt gewesen waren, nicht hatte verkaufen können, diese Tiere ab. Er war Selbstversorger und konnte Hausschlachtungen vornehmen. Die Tiere ließ er noch am gleichen Tage schlachten, um das Fleisch in seinem aus 9 Personen bestehenden Haushalt zu verwenden. Zum Schlachten hatte

er keine Genehmigung, zahlte auch keine Schlachtsteuer; eine Fleischbeschau wurde nicht vorgenommen. Das Sondergericht verurteilte den Landwirt und den Gasthofbesitzer wegen Vergehen gegen § 1 der Verordnung über Strafen und Strafverfahren bei Zuwiderhandlungen gegen Vorschriften auf dem Gebiete der Bewirtschaftung bezugsbeschränkter Erzeugnisse (Verbrauchsregelungsstrafverordnung) und wegen Vergehen gegen § 396 RAbgO. Ein Verstoß gegen die Kriegswirtschaftsverordnung vom 4. September 1939 wurde nicht angenommen, weil eine böswillige Gefährdung des Allgemeinwohls nicht für nachgewiesen erachtet wurde. Gegen das Urteil legte der Staatsanwalt die Nichtigkeitsbeschwerde ein. Sie hatte Erfolg. Ein Urteil ist im Sinne des § 34 der Verordnung vom 21. Februar 1940 nicht nur dann wegen eines Fehlers bei Anwendung des Rechts auf die festgestellten Tatsachen anfechtbar, wenn feststeht, daß der Tatrichter zu einem anderen Ergebnis hätte kommen müssen, falls er den Rechtsfehler vermieden hätte, sondern schon dann, wenn die Möglichkeit eines anderen Ergebnisses bei zutreffender Würdigung des Sachverhalts sehr nahe liegt. Das traf hier zu. Bei der Lage der Fleischversorgung im Reich und bei der Notwendigkeit, sie auf lange Zeit hinaus zu sichern, kann die Deckung des Bedarfs eines erheblichen Teiles der Bevölkerung schon dadurch gefährdet werden, daß zwei lebende Tiere, ein Kalb und ein Schwein, der öffentlichen Bewirtschaftung entzogen werden. Das äußere Maß der beiseitegeschafften Gegenstände ist nicht allein entscheidend. Der Tatbestand des § 1 KrWirtschVO. ist schon dann erfüllt, wenn der Täter die Bedarfsdeckung gefährdet, d. h. ein Verhalten betätigt, das durch seine Wirkungen in sachlicher und geistiger Richtung geeignet ist, den Erfolg der behördlichen Versorgungsregelung zu stören. Gesetzwidrige Maßnahmen, die ein Volksgenosse zur Deckung seines persönlichen Bedarfes ergreift, bergen die Gefahr in sich, andere zu gleichartigen Zuwiderhandlungen anzureizen, das Vertrauen in die gerechte Verteilung zu erschüttern und dadurch Trotz- und Angsteindeckungen zu veranlassen. Nur die Gesamtwürdigung der unmittelbaren und mittelbaren Wirkungen, welche die Tat auf die Deckung des lebenswichtigen Bedarfes der Bevölkerung zur Folge haben kann, läßt ermessen, ob sie eine Gefährdung mit sich bringt. Das kann auch bei einer einmaligen Handlung zutreffen. Die beiseitegeschafften Fleischmengen hätten zur Deckung des Bedarfs einer größeren Anzahl von Personen auf Wochen und Monate ausgereicht; gerade der Mehrverbrauch von begehrten Nahrungsmitteln ist besonders geeignet, schlimme Einflüsse innerer Art (Trotz- und Angsteindeckungen) auszulösen. Der Vorsatz des Täters muß sich auf das Merkmal der Bedarfsgefährdung erstrecken, doch genügt auch bedingter Vorsatz; es bedarf also nur des Nachweises, daß der Täter mit der Möglichkeit der Gefährdung gerechnet und trotzdem die Tat auch für den Fall gewollt hat, daß die Gefährdung eintreten sollte. Keinesfalls gehört zum inneren Tatbestande, daß der Wille des Täters auf die Gefährdung gerichtet gewesen ist, daß er mit der Absicht der Gefährdung gehandelt hat. Der Begriff der Böswilligkeit muß vom Standpunkte der Volksgemeinschaft aus gefunden werden, die sich in einem Kampf um ihr Leben und ihre Zukunft befindet und deshalb die unbedingte Unterordnung des einzelnen unter die Belange der Gesamtheit fordern muß. Er darf nicht einfach dem Vorsatz gleichgestellt werden. Die besondere Kennzeichnung des bösen Willens wird in der Regel im Beweggrunde des Täters zu finden sein und in der besonderen Verwerflichkeit seiner Gesinnung zutage treten. In welcher Richtung die Gesinnung verwerflich erscheint, ist belanglos. Der Täter muß sich der Verwerflichkeit des Beweggrundes bewußt oder doch nach seinen persönlichen Verhältnissen fähig sein, sie zu erkennen. Daß es als verwerflich insbesondere zu gelten hat, wenn der Täter die jedem Volksgenossen durch die Kriegswirtschaftsverordnung auferlegten Pflichten verletzt, ergibt sich aus dem Zwecke des Gesetzes ohne weiteres. Verwerflich wird es deshalb in der Regel sein, wenn ein Selbstversorger sich und seinen Haushalt erheblich über das ihm reichlicher als anderen Verbrauchern zugestandene Maß hinaus mit Fleisch versorgt und damit zeigt, daß er sich auf lange Zeit hinaus der für die Belange der Gesamtheit notwendigen Einschränkung der Lebensführung in dieser Richtung entziehen will. Es müßten besondere Umstände vorliegen, wenn er sich angesichts der Haltung der pflichtbewußten Volksgenossen nicht der Verwerflichkeit eines solchen Mangels am Opferbereitschaft bewußt sein sollte. Auch bei einer einmaligen Tat kann der Täter, selbst wenn er die Gelegenheit zur Ausführung in raschem Entschluß ausnützt, eine Gesinnung offenbaren, die ihn für diesen Fall als einen der Kriegsschädlinge erweist, welche die Kriegswirtschaftsverordnung treffen will. (III, 18. November 1940.) Amtl. Sammlg. S. 359—367.

Vgl. Bd. 72 S. 118; Bd. 74 S. 261, 287.

119. **Steuerhinterziehung. Bevollmächtigter. Mithaftung.** (RAbgO. § 416.) Eine Aktiengesellschaft betrieb eine Zuckerfabrik. Der Direktor der Fabrik beschränkte sich auf die technische Leitung; die kaufmännischen Angelegenheiten, insbesondere die Verkäufe, wurden durch den Buchhalter erledigt. Dieser veräußerte eine große Menge Zucker im Namen der Aktiengesellschaft, aber für eigene Rechnung und brachte sie ohne Entrichtung der Zuckersteuer in den freien Verkehr. Er wurde wegen Untreue in Tateinheit mit Steuerhinterziehung verurteilt. Das Landgericht lehnte es ab, die Mithaftung der Aktiengesellschaft für die Steuerstrafe und die Kosten auszusprechen, weil der Angeklagte nur Angestellter, nicht Bevollmächtigter gewesen sei. Das erklärte das Reichsgericht für rechtsirrtümlich. Unter den Begriff des Bevollmächtigten im Sinne des § 416 RAbgO. fällt auch der, den der Auftraggeber tatsächlich dazu bestellt hat, Handlungen im Rechtssinne für ihn vorzunehmen, und dadurch in die Lage versetzt hat, über Vermögensstücke des Auftraggebers rechtlich oder tatsächlich zu verfügen. Daß der Angeklagte bei den Verkäufen, die er zum Nachteil der Aktiengesellschaft für eigene Rechnung vornahm, seine Befugnisse überschritten hatte, konnte an dieser rechtlichen Beurteilung nichts ändern. Mit diesen Verkäufen stand die Steuerhinterziehung in unmittelbarer Verbindung; die Veruntreuungen waren erst dadurch möglich geworden, daß der Angeklagte die vorgeschriebenen Eintragungen über den Ausgang des Zuckers aus der Fabrik in die dafür bestimmten Bücher verhinderte. Wenn auch die Vorschrift über die Mithaftung von der Vermutung einer Mitschuld des Haftenden ausgeht, ist diese Haftung doch unabhängig davon, ob im Einzelfall ein Mitverschulden vorliegt. Die zur Sicherung der Steuereingänge getroffene strenge Vorschrift kann auch dann nicht ausgeschaltet wer-

den, wenn der Täter durch die Hinterziehungshandlung auch Rechtsgüter seines Auftraggebers verletzt hat. (III, 18. November 1940.) Amtl. Sammlg. S. 368—370. Vgl. Bd. 71 S. 2; Bd. 72 S. 240; Bd. 73 S. 292.

120. **Schlachtsteuer. Öffentliche Urkunde.** (StGB. §§ 267, 268, 359; DurchfVO. z. SchlStG. § 10.) Die Amtspersonen, die nach der Durchführungsverordnung zum Schlachtsteuergesetz zur Verwiegung des zu schlachtenden Tieres auf einer nicht amtlichen Waage zuzuziehen sind, sind als Beamte im Sinne des Strafgesetzbuchs anzusehen; ihre Verwiegungsbescheinigungen sind öffentliche Urkunden. Daß sie Beweiskraft nur gegenüber der Steuerbehörde, nicht aber für und gegen jedermann haben sollen, ist den maßgebenden Vorschriften nicht zu entnehmen. (IV, 1. November 1940.)
Amtl. Sammlg. S. 370—371.
Vgl. JW. 1938 S. 1882.

121. **Steuerhinterziehung. Bindung der Gerichte.** (RAbgO. §§ 396, 468; RG. vom 4. Juli 1939.) Die Gerichte sind an steuerrechtliche Entscheidungen stets dann gebunden, wenn es sich um die Frage handelt, ob ein Steueranspruch besteht. Wenn lediglich streitig ist, ob und in welcher Höhe der Anspruch verkürzt ist, ist die Bindung der Gerichte nur insoweit anerkannt worden, als die gerichtliche Strafe von der Höhe des hinterzogenen Betrags abhängig ist, weil ein Vielfaches dieses Betrags die Mindeststrafe bildet. Auch in diesem Falle sind die Gerichte frei, wenn der hinterzogene Betrag nicht zuverlässig errechnet, sondern von den Finanzbehörden auf Grund einer Schätzung festgestellt worden ist. (II, 4. November 1940.) Amtl. Sammlg. S. 371—373. Vgl. Bd. 57 S. 212, 217; Bd. 58 S. 195; Bd. 63 S. 64; Bd. 66 S. 194, 201; Bd. 68 S. 45, 56.

122. **Gesindediebstahl.** (StGB. § 247.) Wer einer Person, in deren häuslicher Gemeinschaft er sich als Gesinde befindet, Sachen von unbedeutendem Werte stiehlt, wird nur auf Antrag verfolgt. Der Begriff des Gesindes wurde früher durch die Gesindeordnungen abgegrenzt. Diese Abgrenzung ist auch heute noch maßgebend. Danach fallen unter den Begriff im allgemeinen die Personen, die ihre Arbeitskraft zu persönlichen, häuslichen oder niederen landwirtschaftlichen Verrichtungen auf bestimmte Zeit

gegen Lohn verdingen, also auch die landwirtschaftlichen Dienstboten und Arbeiter, nicht aber gewerbliche Gesellen und Gehilfen oder landwirtschaftliche Angestellte höherer Art. Unter häuslicher Gemeinschaft ist ein familienähnliches Zusammenwohnen in gemeinschaftlichem Haushalt zu verstehen. Wohnen unter demselben Dach ist dafür nicht unbedingt erforderlich; es genügt, wenn dem Bediensteten in einem Raume des Arbeitgebers Wohnung gewährt wird. Dazu muß kommen, daß er im Haushalt oder in der Wirtschaft des Arbeitgebers verpflegt wird. (II, 14. November 1940.) Amtl. Sammlg. S. 373—375. Vgl. Bd. 46 S. 408; Bd. 48 S. 52; Bd. 51 S. 416.

123. **Körperverletzung. Volksschädling. Fortsetzungszusammenhang. Tateinheit.** (StGB. §§ 73, 175, 223; VolksSchädlVO. §§ 2, 4.) Ein Mann nahm an einem anderen in einer Bedürfnisanstalt und unmittelbar nach deren Verlassen auch auf dem Platze vor dieser unzüchtige Berührungen vor; die Tat außerhalb der Anstalt wurde durch die Verdunkelung begünstigt. Das Landgericht brachte die Verordnung gegen Volksschädlinge zur Anwendung. Im Ergebnis wurde das vom Reichsgericht gebilligt. Rechtlich verfehlt war allerdings die Annahme, daß die Tat gegen den Leib begangen sei (§ 2 VolksSchädlVO.). Allerdings benutzt, wer mit einem anderen im Sinne des § 175 StGB. Unzucht treibt, dessen Körper; von einer gegen den Leib gerichteten Handlung kann man aber nicht sprechen, wenn der andere einverstanden ist oder wenn dessen körperliche Unversehrtheit nur ganz unerheblich beeinträchtigt wird. Hier gelten die gleichen Grundsätze wie für die Körperverletzung. Die Anwendung der Verordnung war aber zulässig, weil die Handlungen unter Ausnutzung der Verdunkelung begangen worden waren (§ 4 VolksSchädlVO.). Das Landgericht hatte den Vorgang in zwei Teile zerlegt mit der Begründung, daß es sich bei dem gegen § 2 VolksSchädlVO. gerichteten Teil um ganz anderes gehandelt habe als bei dem übrigen Teil; Angriffe, die in bewußter Ausnutzung der Verdunkelung begangen würden, seien ein Angriff nicht gegen den einzelnen, sondern gegen die Volksgemeinschaft. Dieser Auffassung trat das Reichsgericht nicht bei. Verbrechen gegen die Volksschädlingsverordnung nehmen die strafbaren Handlungen, die ihnen zugrunde liegen, in sich auf;

wenn sie auch gegen die Belange der Volksgemeinschaft verstoßen; hören sie doch nicht auf, auch das Rechtsgut zu verletzen, gegen das sich die Grundstraftat richtet. Das Verhältnis zwischen dem Verbrechen gegen § 4 VolksSchädlVO. und der Grundstraftat ist nicht anders zu beurteilen als das der Fälle des Zusammentreffens einer sonstigen Straftat mit einem durch besondere Merkmale erschwerten Tatbestande derselben Art, wie etwa des einfachen Diebstahls mit schwerem Diebstahl; daß in solchen Fällen Fortsetzungszusammenhang möglich ist, steht in der Rechtsprechung fest. Im vorliegenden Falle kam eine Fortsetzungstat schon wegen des unmittelbaren räumlichen und zeitlichen Zusammenhanges nicht in Betracht; die Vorgänge in und außerhalb der Anstalt bildeten vielmehr für die natürliche Betrachtung eine Einheit. Es lag also ein Fall der gleichartigen Tateinheit vor. (III, 18. November 1940.) Amtl. Sammlg.. S. 375—377.

124. **Volksschädling. Tateinheit. Gesetzeseinheit.** (VolksSchädlVO. § 4.) Eine in Tateinheit mit Hausfriedensbruch begangene Beleidigung ist, wenn die Voraussetzungen des § 4 VolksSchädlVO. vorliegen, auch mangels eines Strafantrags als zwei miteinander in Tateinheit stehende Verbrechen gegen diese Vorschrift zu bestrafen. Die Taten stehen zu dieser Vorschrift in Gesetzeseinheit, so daß nur diese Vorschrift anwendbar ist; die Grundstraftaten sind nur wegen eines etwaigen Rückfalls anzugeben. (IV, 19. November 1940.) Amtl. Sammlg. S. 377—378.

125. **Arrest.** (GnErl. vom 1. September 1939 §§ 1, 2, 5.) Unter Arrest im Sinne des Gnadenerlasses des Führers vom 1. September 1939 ist nur der Arrest des Militärstrafgesetzbuchs zu verstehen, nicht aber der Arrest des Österreichischen Strafgesetzes. Dieser, und zwar sowohl der einfache als auch der strenge Arrest, ist dem Gefängnis gleichzustellen. (VI, 22. November 1940.)

Amtl. Sammlg. S. 378—380.

126. **Ehebruch. Beleidigung. Volksschädling.** (StGB. §§ 172, 185.) Die Frau eines zum Heeresdienst einberufenen Mannes beging während seiner Abwesenheit wiederholt Ehebruch. Der Mann verzieh ihr, stellte aber gegen den Ehebrecher Strafantrag wegen Ehebruch und Beleidigung. Das Sondergericht verurteilte ihn wegen eines Verbrechens gegen § 4 VolksSchädlVO. in Verbin-

dung mit § 185 StGB. Das Reichsgericht stellte das Verfahren ein. Regelmäßig wird durch den Ehebruch mit einer Ehefrau auch die Ehre des Ehemanns verletzt, und zwar auch dann, wenn die Tat im Einverständnis mit der Ehefrau begangen worden ist. Aber auch diese Beleidigung kann, solange die Ehe besteht, nur dann verfolgt werden, wenn der Ehebruch für den daran beteiligten Ehegatten nicht schuldhaft, und deshalb für den anderen Ehegatten kein Scheidungsgrund ist; in anderen Fällen kann eine Strafe nur eintreten, wenn die Ehe wegen des Ehebruchs geschieden worden ist. Hat der hintergangene Ehegatte den Ehebruch verziehen, so kann die Tat nicht mehr bestraft werden, weder als Ehebruch noch als Beleidigung. Auch wenn der Ehebruch unter den besonderen Umständen begangen worden ist, die im § 4 VolksSchädlVO. angeführt sind, kann in dieser Beziehung nichts anderes gelten. Das Verbrechen aus § 4 VolksSchädlVO. ist mit der Grundstraftat eng verknüpft; es bildet einen erschwerten Fall eben dieser Grundstraftat, der nur um der besonderen Kriegsverhältnisse willen eine größere und allgemeinere Bedeutung erlangt. Zwar hat das Reichsgericht ausgesprochen, daß bei einer Straftat, die nur auf Antrag zu verfolgen ist, das Erfordernis des Strafantrags wegfällt, wenn die besonderen Merkmale des § 4 VolksSchädlVO. zu denen der Grundstraftat hinzutreten. Auf andere Voraussetzungen der Strafbarkeit ist das aber nicht ohne weiteres zu übertragen. (III, 25. November 1940.)

Amtl. Sammlg. S. 380—382.

Vgl. Bd. 65 S. 1; Bd. 74 S. 358.

127. Urkundenfälschung. Vermögensvorteil. Bezugschein. (StGB. §§ 267, 268, 269; VerbrRegStrVO. § 3.) In dem Wirtschaftsamt eines Kreises war die Einrichtung getroffen, daß die einzelnen Hilfsarbeiter Bezugscheine für Spinnstoffwaren selbständig ausstellen durften, wenn die Anträge sich im Rahmen des sogenannten Normalbestandes hielten und von den Bürgermeistern der Aufenthaltsgemeinden der Antragsteller befürwortet waren. Jeder Hilfsarbeiter erhielt Formblätter ausgehändigt, die schon das Dienstsiegel und den Namenszug des Leiters des Wirtschaftsamtes trugen. Die fertiggestellten Bezugscheine wurden dann von einem anderen Hilfsarbeiter unter laufenden Nummern in ein Verzeichnis eingetragen, mit einem Vermerk der Nummer dieses Verzeichnisses versehen und abgesandt. Ein Hilfsarbeiter nahm zehn solcher Vordrucke an sich, füllte sie eigenmächtig mit seinem Namen für eigenen Bedarf oder den Bedarf seiner Kinder aus und kaufte unter Benutzung der Scheine die darin bezeichneten Gegenstände ein. Wenn er einen Antrag eingereicht hätte, wäre er genehmigt worden, da sein Bestand an Kleidungsstücken den Normalbestand nicht erreichte. Seine Verurteilung wegen fortgesetzter gewinnsüchtiger Urkundenfälschung in Tateinheit mit einer fortgesetzten Übertretung der Verbrauchsregelungsstrafverordnung vom 6. April 1940 wurde vom Reichsgericht bestätigt. Die Revision hatte sich gegen die Annahme des Landgerichts gewendet, daß der Angeklagte in der Absicht gehandelt habe, sich einen Vermögensvorteil zu verschaffen. Das war insofern richtig, als der Angeklagte nicht darauf ausgegangen war, an Waren, deren Bezug durch die kriegswirtschaftlichen Vorschriften beschränkt war, für sich und seine Familie mehr zu erlangen, als seiner Anwartschaft auf solche Gegenstände nach der amtlichen Verbrauchsregelung entsprach. Es besteht aber kein Anspruch des einzelnen Verbrauchers auf einen Bezug bis zur äußersten Grenze; die Dienststellen, denen die Ausstellung von Bezugscheinen zukommt, haben vielmehr nach pflichtmäßigem Ermessen zu entscheiden. Sie haben in der Anwendung dieses Ermessens einen gewissen Spielraum und nutzen diesen auch nach ihren Dienstanweisungen sowie gemäß den verfügbaren Vorräten aus. Aus demselben Grunde, aus dem allgemein bei verknappten Vorräten der Besitz einer selten gewordenen Ware ohne amtliche Regelung für wertvoller angesehen wird als der für sie zu zahlende Geldbetrag, liegt daher schon in dem Erlangen eines Bezugscheins als solchen ein Vermögensvorteil. (I, 29. November 1940.)

Amtl. Sammlg. S. 382—384.

Vgl. Bd. 50 S. 277; Bd. 51 S. 97; Bd. 74 S. 290.

128. **Devisenrecht. Reisezahlmittel. Ausfuhr. Verfügung. Anbietungspflicht.** (DevG. 1938 §§ 5, 13, 14, 16, 69.) Ein Schweizer, der in Deutschland seinen Wohnsitz hatte, also devisenrechtlich Inländer, staatsrechtlich aber Ausländer war, erhielt für eine Erholungsreise in die Schweiz Devisen bewilligt, verwandte sie aber für andere

als Reisezwecke. Das verstieß gegen die §§ 14, 69 Nr. 4 DevG.; der Angeklagte konnte aber hiewegen nicht gestraft werden, weil er die Tat als Ausländer im Auslande begangen hatte (§ 75 DevG.). Dagegen war eine Verurteilung aus § 16 DevG. zulässig. Die Zuteilung berechtigte nur zur Ausfuhr für Reisezwecke. Auch für Geschäftsreisen kann das Reiseverkehrsabkommen nicht in Anspruch genommen werden; die Ausfuhr von Zahlungsmitteln für diese Zwecke wird nicht durch ihre Zuteilung auf Grund eines Reiseverkehrsabkommens gedeckt. — Eine in Deutschland wohnende Schweizerin gab einer anderen Schweizerin im Inland einen Betrag von 100 RM, damit diese sich dafür Reisezahlungsmittel erwerbe, und ließ sich den entsprechenden Teil (165 sfr.) in der Schweiz aushändigen. Schon in dem Erwerb der Forderung in ausländischer Währung ohne Genehmigung lag ein Verstoß gegen § 13 DevG. Ein Verstoß gegen das Verbot der Ausfuhr ausländischer Zahlungmittel lag nicht vor, da die Angeklagte die Zahlungsmittel auf Grund ihrer Forderung erst im Ausland erhielt. Auch die Verfügung über das im Ausland erhaltene Geld war nicht strafbar, da die Angeklagte Ausländerin war. Sie war aber als Deviseninländerin verpflichtet, die ausländischen Zahlungsmittel spätestens 10 Tage nach ihrer Rückkehr nach Deutschland der Reichsbank anzubieten. Diese im Inlande zu erfüllende Anbietungspflicht war schon mit dem Anfall der Zahlungsmittel entstanden. Da sich die Angeklagte durch die vorsätzliche Verfügung über die Devisen die Erfüllung der Anbietungspflicht unmöglich gemacht hatte, war sie nach § 69 Nr. 5 DevG. zu bestrafen. — Gelegentlich einer späteren Reise verwendete sie Reisezahlungsmittel, die ihr hiefür zugeteilt worden waren, zum Teil dazu, um Schulden ihres Sohnes in der Schweiz zu bezahlen. Das war nicht strafbar. Nach der Annahme des Landgerichts hatte die Angeklagte die Reise als Erholungsreise unternommen und den Entschluß, die Schulden ihres Sohnes zu bezahlen, erst später im Auslande gefaßt. Auch wegen der Verwendung der Zahlungsmittel zu anderen als Reisezwecken konnte die Angeklagte nicht bestraft werden, da sie die Tat als Ausländerin im Auslande begangen hatte. (III, 21. November 1940.)

Amtl. Sammlg. S. 385—386.

129. Gesamtstrafe. Vollstreckung. (StGB. § 74.) Durch ein Urteil vom 25. November 1938 wurde der Angeklagte zu einer Gesamtstrafe von drei Jahren Zuchthaus verurteilt. Das Reichsgericht hob dieses Urteil am 15. Juni 1939 zum Teil auf. Das neue Urteil vom 7. Dezember 1939 wurde vom Reichsgericht am 18. März 1940 neuerdings aufgehoben. Am 19. Juni 1940 wurde der Angeklagte wieder zu einer Gesamtstrafe von drei Jahren Zuchthaus verurteilt. In der Zeit vom 15. Juni 1939 bis zum 15. Juni 1940 war eine vom ersten Urteil des Reichsgerichts nicht betroffene Einzelstrafe von einem Jahr Gefängnis vollstreckt worden. Das war in dem Urteil vom 19. Juni 1940 unbeachtet geblieben. Das Urteil wurde wieder aufgehoben. Die Frage, ob eine rechtskräftige Einzelstrafe, die in eine noch nicht rechtskräftige Gesamtstrafe einbezogen worden ist, für sich vollstreckt werden darf, ist umstritten. Die Strafvollstreckungsordnung erklärt sie grundsätzlich für zulässig; sie ist aber nur eine Verwaltungsanordnung und bindet daher die Gerichte nicht, soweit diese über die Zulässigkeit der Strafvollstreckung zu entscheiden haben. Das Reichsgericht sprach hiegegen eine Reihe von Bedenken aus, ohne die Frage endgültig zu entscheiden. Tatsächlich war, als das angefochtene Urteil erging, die Einzelstrafe von einem Jahr Gefängnis verbüßt. Sie hätte also nicht mehr in die Gesamtstrafe einbezogen werden dürfen. (II, 28. November 1940.) Amtl. Sammlg. S. 387—392.

Vgl. Bd. 25 S. 297.

130. Kraftwagenmißbrauch. (VO. vom 6. September 1939.) Ein Geschäftsmann nahm in seinem Kraftwagen, der für die Geschäftsfahrten mit dem roten Winkel gekennzeichnet worden war, mehrere Fahrgäste mit; um einen von ihnen an seinen Bestimmungsort zu bringen, dehnte er die Fahrt über sein eigentliches Ziel hinaus weiter aus. Das Landgericht erklärte beides für unzulässige und strafbare Benutzung des Wagens. Das Reichsgericht entschied, daß ein Mißbrauch nicht schon dann vorliege, wenn auf einer erlaubten Fahrt Fahrgäste mitgenommen werden, wohl aber dann, wenn zu ihren Gunsten ein Umweg gemacht wird. Bei der bloßen Mitnahme von Fahrgästen steht dem mäßigen Mehrverbrauch an Triebstoff und Bereifung, der durch die größere Belastung des Wagens verursacht wird, immerhin die Befriedigung eines Verkehrsbedürfnisses gegenüber. Umwege sind aber grundsätzlich abzulehnen. (I, 29. November 1940.)

Amtl. Sammlg. S. 392—394.

Vgl. Bd. 74 S. 279.

131. **Gnadenerlaß. Ablehnung von Beweisanträgen. Vereinfachungsordnung. Beschwerde.** (GnErl. vom 9. September 1939; VereinfVO. § 24; StPO. §§ 155, 244, 305.) Eine Sache war durch das Reichsgericht zur neuen Verhandlung und Entscheidung an das Landgericht zurückverwiesen worden. Ehe eine neue Verhandlung anberaumt war, stellte der Verteidiger den Antrag, das Verfahren auf Grund des Gnadenerlasses vom 9. September 1939 einzustellen. Das Landgericht wies den Antrag ab und setzte Termin zur neuen Hauptverhandlung an; der Beschluß wurde nicht zugestellt. Im Urteil wurde die Anwendbarkeit des Gnadenerlasses verneint. Die Revision hatte keinen Erfolg. Der Beschluß stellte nur eine Entscheidung dar, die der Urteilsfällung vorausging; er betraf eine Frage, die im inneren Zusammenhange mit der Urteilsfällung stand und bei dieser der nochmaligen Prüfung des Gerichtes unterlag. Demgemäß konnte der Beschluß nicht mit der sofortigen Beschwerde angefochten werden und bedurfte keiner Zustellung. Die Beweisanträge des Verteidigers waren mit der Begründung abgelehnt worden, daß die Erhebung der Beweise für die Erforschung der Wahrheit nicht erforderlich sei. Diese Begründung entsprach der Vereinfachungsverordnung; damit stand aber noch nicht fest, ob nicht die Ablehnung der Beweisanträge einen Rechtsverstoß enthielt. Die Entscheidung, ob ein Beweis zu erheben ist, steht im Ermessen des Gerichtes. Das Ermessen muß pflichtmäßig ausgeübt werden. Durch die Vereinfachungsverordnung ist die Pflicht des Gerichtes, den Sachverhalt aufzuklären und die Wahrheit zu erforschen, nicht beseitigt worden. Das Gericht hat zu würdigen, welche Bedeutung die angebotenen Beweise für die Feststellung des zur Aburteilung stehenden Sachverhaltes haben können. Zur Durchführung dieser auf dem Gebiete der Beweiswürdigung liegenden Aufgabe muß das Gericht die Behauptungen des Beweisantrags, so, wie sie vorgebracht sind, seiner Würdigung zugrunde legen und damit befugt sein, das Beweisergebnis insoweit

vorwegzunehmen. Ob das Gericht bei der Ablehnung eines Beweisantrags aus Rechtsirrtum über den Umfang seiner Aufklärungspflicht geirrt und damit sein pflichtmäßiges Ermessen verletzt hat, wird in der Regel nur auf Grund der Urteilsausführungen entschieden werden können. (II, 2. Dezember 1940.) Amtl. Sammlg. S. 394—396. Vgl. Bd. 67 S. 310; Bd. 74 S. 153.

132. **Rassenschande. Umgehungstat. Räumliche Geltung des Strafrechts.** (BlutSchG. §§ 1, 2, 5; VO. vom 6. Mai 1940 über den Geltungsbereich des Strafrechts; StGB. §§ 3, 4 n. F.). Ein deutschblütiger Mann evangelischen Bekenntnisses trat im Jahr 1932 zum Judentum über, um eine Jüdin heiraten zu können; er war deutscher Reichsangehöriger, die Jüdin staatenlos. Im Mai 1938 zogen sie nach Prag; sie hatten die Absicht, nicht mehr nach Deutschland zurückzukehren. Im September 1938 schlossen sie in Prag die Ehe; schon vorher waren sie miteinander in Geschlechtsverkehr getreten. Ihre Verurteilung wegen verbotener Eheschließung und jene des Ehemannes wegen fortgesetzter Rassenschande wurde vom Reichsgericht nicht bestätigt. Dem Urteil war nicht zu entnehmen, in welcher Form die Angeklagten die Ehe geschlossen hatten. Eine Ehe, die im Ausland vor einer deutschen Konsularbehörde geschlossen wird, gilt als im Inlande geschlossen. In diesem Falle wäre also die Eheschließung als Inlandstat anzusehen gewesen. Nicht jede im Ausland vorgenommene Eheschließung zwischen Juden und Staatsangehörigen deutschen oder artverwandten Blutes ist strafbar; hiefür ist erforderlich, daß die Ehe zur Umgehung des Blutschutzgesetzes im Auslande geschlossen worden ist. Eine Umgehung liegt dann vor, wenn die Angeklagten ein Hindernis vermeiden wollen, das ihrer Eheschließung im Inland entgegensteht, und wenn sie als Ort der Eheschließung vorsätzlich das Ausland wählen, um eine Bestrafung im Inlande zu vermeiden. Einer solchen Annahme steht ein Verlassen des deutschen Reichsgebietes mit der Absicht, aus Deutschland auszuwandern, nicht grundsätzlich entgegen. Daß die Angeklagten sich endgültig von Deutschland abgekehrt und aus dem deutschen Staats- und Volksverbande losgelöst hatten, war im vorliegenden Falle nicht anzunehmen; sie waren auch später nach Deutschland zurückgekehrt. Der Umgehungs-

tatbestand ist dem unmittelbaren Verstoße gleichzustellen; Umgehungsehen sind demgemäß nicht nur nichtig, sondern auch verboten und strafbar. Die Straftat der Auslandstat ist grundsätzlich von den Bestimmungen über die räumliche Herrschaft der Strafgesetze abhängig; die Vorschriften des § 4 StGB. sind aber durch die im § 5 BlutSchG. enthaltene Sonderregelung als dahin erweitert anzusehen, daß die Auslandstat im Inlande strafbar ist, wenn sie zur Umgehung des Gesetzes im Auslande begangen wurde. Strafbar ist dann sowohl der deutsche Strafangehörige deutschen Blutes wie auch der jüdische Teil, und zwar selbst dann, wenn dieser Ausländer ist; doch ist zu seiner Verfolgung die Zustimmung des Reichsministers der Justiz erforderlich. Für einen Staatenlosen kommt eine solche Zustimmung nicht in Betracht. § 15 der 1. AusfVO. z. BlutSchG. bezieht sich nur auf deutschblütige Staatenlose. Die Auslandstat eines staatenlosen jüdischen Eheteils ist nach § 4 Abs. 2, 3 StGB. n. F. zu beurteilen. Bei wörtlicher Anwendung dieser Vorschriften kann man zu dem Schlusse kommen, daß die Tat straflos sein muß. Eine solche Folgerung kann aber nicht gezogen werden. Durch die Neufassung dieser Vorschriften sollte die Anwendung des deutschen Rechts auf die Auslandstaten von Ausländern erweitert werden; dem würde es nicht entsprechen, wenn Taten, die bisher und weiterhin als strafwürdig empfunden wurden, nun nicht mehr strafbar sein sollten. Da das räumliche Recht der alten Fassung keine ausdrückliche Regelung der Verstöße gegen das Blutschutzgesetz enthielt, waren diese Vorschriften als durch das Gesetz selbst erweitert anzusehen und mithin der Geltungsbereich der Strafnormen des Blutschutzgesetzes durch dieses Gesetz selbst hinsichtlich der Eheschließung im Ausland als auf die Umgehungstaten erweitert zu betrachten. Infolge dieser Erweiterung waren schon bisher die Auslandstaten von Ausländern, allerdings abhängig von der Genehmigung des Reichsjustizministers, im Inlande strafbar. Die Regelung in einem Sondergesetz von der grundlegenden Bedeutung, wie sie das Blutschutzgesetz für die Reinerhaltung des deutschen Blutes hat, behält ihre Rechtswirksamkeit, solange sie nicht entweder ausdrücklich aufgehoben worden ist oder solange ihr nicht eine neue gesetzliche Regelung der Frage sinngemäß entgegensteht. Beides ist nicht der Fall. Für die Strafbarkeit der Rassenschande im Ausland enthält § 2 BlutSchG. keine ausdrückliche Bestimmung. Bei der Bedeutung, welche das Blutschutzgesetz als eines der Grundgesetze des nationalsozialistischen Staates hat, kann es keinem Zweifel unterliegen, daß das Verbrechen der Rassenschande nach gesundem Volksempfinden mindestens dann strafwürdig ist, wenn es im Auslande zur Umgehung des Gesetzes begangen wird. Nach der neuen Regelung des Geltungsbereichs des deutschen Strafrechts ist die Umgehungstat des staatsangehörigen Mannes jetzt nach § 3 StGB. n. F. strafbar. (II, 5. Dezember 1940.)

Amtl. Sammlg. S. 397—402.

Vgl. Bd. 72 S. 91, 171; Bd. 73 S. 142.

133. Jüdischer Mischling. (BlutSchG. § 5; 1. Ausf.-VO. z. RBürgG. § 5.) Ein jüdischer Mischling, der väterlicherseits von zwei jüdischen Großelternteilen abstammte, war seit 1917 in den Listen des jüdischen Religionsverbandes geführt und zu Kultussteuern herangezogen worden. In den Jahren 1930—1933 wurden ihm die Steuern auf sein Ersuchen erlassen; seit 1933 wurde er nicht mehr zu Steuern herangezogen, aber auch nicht aus der Steuerpflicht entlassen. Hierin war ein äußeres Bekenntnis zur jüdischen Religionsgemeinschaft und damit zum Judentum zu finden. Ob der Angeklagte die Voraussetzungen für die Aufnahme in den jüdischen Religionsverband erfüllt hatte, war ohne Belang. Für die Verwirklichung des Tatbestandes des § 5 BlutSchG. genügt bedingter Vorsatz; es reichte also für den inneren Tatbestand aus, wenn der Angeklagte zur Tatzeit mit der Möglichkeit gerechnet hatte, er sei bei Erlaß des Reichsbürgergesetzes in den Listen des jüdischen Religionsverbands eingetragen gewesen. (III, 23. Dezember 1940.)

Amtl. Sammlg. S. 402—404.

Vgl. Bd. 71 S. 339; Bd. 73 S. 98; JW. 1939 S. 93.

Gesetzesregister.

Seitenzahlen der amtlichen Sammlung.

1 1—4; **2** 4—6; **3** 6—9; **4** 9—13; **5** 13—16; **6** 16—18; **7** 18—20; **8** 21—26; **9** 26—33; **10** 33—34; **11** 35—36; **12** 36—38; **13** 38—40; **14** 40—41; **15** 41—44; **16** 44—47; **17** 47—51; **18** 51—54; **19** 54—55; **20** 55—60; **21** 60—62; **22** 62—64; **23** 65—69; **24** 69—73; **25** 73—77; **26** 77—79; **27** 79—84; **28** 84—86; **29** 86—88; **30** 89—91; **31** 91—96; **32** 96—98; **33** 98—102; **34** 102—105; **35** 105—109; **36** 110—113; **37** 113—114; **38** 114—120; **39** 121—125; **40** 125—128; **41** 129—132; **42** 132—137; **43** 137—139; **44** 139—141; **45** 141—147; **46** 147—153; **47** 153—155; **48** 155—161; **49** 161—164; **50** 164—166; **51** 166—167; **52** 167—171; **53** 171—174; **54** 175—177; **55** 177—178; **56** 178—181; **57** 181—183; **58** 183—184; **59** 185—190; **60** 190—192; **61** 193—194; **62** 195—199; **63** 199—203; **64** 203—206; **65** 206—297; **66** 208—210; **67** 210—213; **68** 213—214; **69** 214—216; **70** 216—217; **71** 217—219; **72** 219—224; **73** 224—226; **74** 226—227; **75** 228—229; **76** 229—237; **77** 238—239; **78** 239—240; **79** 240—243; **80** 243—246; **81** 246—249; **82** 249—251; **83** 251—256; **84** 257—251; **85** 261—263; **86** 263—266; **87** 266—268; **88** 268—271; **89** 271—273; **90** 273—275; **91** 275—278; **92** 278; **93** 279—281; **94** 281—283; **95** 283—287; **96** 287—290; **97** 290—296; **98** 296—298; **99** 299—300; **100** 300—303; **101** 303—304; **102** 304—307; **103** 307—309; **104** 309—311; **105** 312—313; **106** 313—316; **107** 316—318; **108** 318—320; **109** 321—323; **110** 323—326; **111** 326—334; **112** 334—341; **113** 341—344; **114** 345—350; **115** 350—354; **116** 355—358; **117** 358—359; **118** 359—367; **119** 368—370; **120** 370—371; **121** 371—373; **122** 373—375; **123** 375—377; **124** 377—378; **125** 378—380; **126** 380—382; **127** 382—384; **128** 385—386; **129** 387—392; **130** 392—394; **131** 394—396; **132** 397—402; **133** 402—404.

Sachregister.

Kolibri 360 GmbH
Ferdinand-Jühlke-Straße 7
99095 Erfurt, Deutschland
produktsicherheit@kolibri360.de